海上絲綢之路基本文獻叢書

海運存稿（上）

[清] 佚名 輯

文物出版社

圖書在版編目（CIP）數據

海運存稿．上 /（清）佚名輯．-- 北京 ：文物出版社，2022.6
（海上絲綢之路基本文獻叢書）
ISBN 978-7-5010-7539-3

Ⅰ．①海… Ⅱ．①佚… Ⅲ．①海上運輸－交通運輸史－史料－中國－清代 Ⅳ．① F552.9

中國版本圖書館 CIP 數據核字（2022）第 065608 號

海上絲綢之路基本文獻叢書

海運存稿（上）

著　　者：〔清〕佚名
策　　划：盛世博閱（北京）文化有限責任公司

封面設計：鞏榮彪
責任編輯：劉永海
責任印製：張道奇

出版發行：文物出版社
社　　址：北京市東城區東直門内北小街 2 號樓
郵　　編：100007
網　　址：http://www.wenwu.com
郵　　箱：web@wenwu.com
經　　銷：新華書店
印　　刷：北京旺都印務有限公司
開　　本：787mm×1092mm　1/16
印　　張：14.25
版　　次：2022 年 6 月第 1 版
印　　次：2022 年 6 月第 1 次印刷
書　　號：ISBN 978-7-5010-7539-3
定　　價：98.00 圓

總緒

海上絲綢之路，一般意義上是指從秦漢至鴉片戰争前中國與世界進行政治、經濟、文化交流的海上通道，主要分爲經由黄海、東海的海路最終抵達日本列島及朝鮮半島的東海航綫和以徐聞、合浦、廣州、泉州爲起點通往東南亞及印度洋地區的南海航綫。

在中國古代文獻中，最早、最詳細記載『海上絲綢之路』航綫的是東漢班固的《漢書·地理志》，詳細記載了西漢黄門譯長率領應募者入海『齎黄金雜繒而往』之事，書中所出現的地理記載與東南亞地區相關，并與實際的地理狀况基本相符。

東漢後，中國進入魏晋南北朝長達三百多年的分裂割據時期，絲路上的交往也走向低谷。這一時期的絲路交往，以法顯的西行最爲著名。法顯作爲從陸路西行到印度，再由海路回國的第一人，根據親身經歷所寫的《佛國記》（又稱《法顯傳》）一書，詳細介紹了古代中亞和印度、巴基斯坦、斯里蘭卡等地的歷史及風土人情，是瞭解和研究海陸絲綢之路的珍貴歷史資料。

隨着隋唐的統一，中國經濟重心的南移，中國與西方交通以海路爲主，海上絲綢之路進入大發展時期。廣州成爲唐朝最大的海外貿易中心，朝廷設立市舶司，專門管理海外貿易。唐代著名的地理學家賈耽（七三〇～八〇五年）的《皇華四達記》記載了從廣州通往阿拉伯地區的海上交通『廣州通夷道』，詳述了從廣州港出發，經越南、馬來半島、蘇門答臘半島至印度、錫蘭，直至波斯灣沿岸各國的航綫及沿途地區的方位、名稱、島礁、山川、民俗等。譯經大師義净西行求法，將沿途見聞寫成著作《大唐西域求法高僧傳》，詳細記載了海上絲綢之路的發展變化，是我們瞭解絲綢之路不可多得的第一手資料。

宋代的造船技術和航海技術顯著提高，指南針廣泛應用於航海，中國商船的遠航能力大大提升。北宋徐兢的《宣和奉使高麗圖經》詳細記述了船舶製造、海洋地理和往來航綫，是研究宋代海外交通史、中朝友好關係史、中朝經濟文化交流史的重要文獻。南宋趙汝適《諸蕃志》記載，南海有五十三個國家和地區與南宋通商貿易，形成了通往日本、高麗、東南亞、印度、波斯、阿拉伯等地的『海上絲綢之路』。宋代爲了加强商貿往來，於北宋神宗元豐三年（一〇八〇年）頒佈了中國歷史上第一部海洋貿易管理條例《廣州市舶條法》，并稱爲宋代貿易管理的制度範本。

元朝在經濟上採用重商主義政策，鼓勵海外貿易，中國與歐洲的聯繫與交往非常頻繁，其中馬可•波羅、伊本•白圖泰等歐洲旅行家來到中國，留下了大量的旅行記，記録元代海上絲綢之路的盛況。元代的汪大淵兩次出海，撰寫出《島夷志略》一書，記録了二百多個國名和地名，其中不少首次見於中國著録，涉及的地理範圍東至菲律賓群島，西至非洲。這些都反映了元朝時中西經濟文化交流的豐富内容。

明、清政府先後多次實施海禁政策，海上絲綢之路的貿易逐漸衰落。但是從明永樂三年至明宣德八年的二十八年裏，鄭和率船隊七下西洋，先後到達的國家多達三十多個，在進行經貿交流的同時，也極大地促進了中外文化的交流，這些都詳見於《西洋蕃國志》《星槎勝覽》《瀛涯勝覽》等典籍中。

關於海上絲綢之路的文獻記述，除上述官員、學者、求法或傳教高僧以及旅行者的著作外，自《漢書》之後，歷代正史大都列有《地理志》《四夷傳》《西域傳》《外國傳》《蠻夷傳》《屬國傳》等篇章，加上唐宋以來衆多的典制類文獻、地方史志文獻，集中反映了歷代王朝對於周邊部族、政權以及西方世界的認識，都是關於海上絲綢之路的原始史料性文獻。

海上絲綢之路概念的形成，經歷了一個演變的過程。十九世紀七十年代德國地理學家費迪南・馮・李希霍芬（Ferdinad Von Richthofen，一八三三～一九〇五），在其《中國：親身旅行和研究成果》第三卷中首次把輸出中國絲綢的東西陸路稱爲『絲綢之路』。有『歐洲漢學泰斗』之稱的法國漢學家沙畹（Édouard Chavannes，一八六五～一九一八），在其一九〇三年著作的《西突厥史料》中提出『絲路有海陸兩道』，蘊涵了海上絲綢之路最初提法。迄今發現最早正式提出『海上絲綢之路』一詞的是日本考古學家三杉隆敏，他在一九六七年出版《中國瓷器之旅：探索海上的絲綢之路》中首次使用『海上絲綢之路』一詞；一九七九年三杉隆敏又出版了《海上絲綢之路》一書，其立意和出發點局限在東西方之間的陶瓷貿易與交流史。

二十世紀八十年代以來，在海外交通史研究中，『海上絲綢之路』一詞逐漸成爲中外學術界廣泛接受的概念。根據姚楠等人研究，饒宗頤先生是華人中最早提出『海上絲綢之路』的人，他的《海道之絲路與昆侖舶》正式提出『海上絲路』的稱謂。選堂先生評價海上絲綢之路是外交、貿易和文化交流作用的通道。此後，大陸學者馮蔚然在一九七八年編寫的《航運史話》中，使用『海上絲綢之路』一詞，這是迄今學界查到的中國大陸最早使用『海上絲綢之路』的人，更多地限於航海活動領域的考察。一九八〇年北京大學陳炎教授提出『海上絲綢之路』研究，并於一九八一年發表《略論海上絲綢之路》一文。他對海上絲綢之路的理解超越以往，且帶有濃厚的愛國主義思想。陳炎教授之後，從事研究海上絲綢之路的學者越來越多，尤其沿海港口城市向聯合國申請海上絲綢之路非物質文化遺産活動，將海上絲綢之路研究推向新高潮。另外，國家把建設『絲綢之路經濟帶』和『二十一世紀海上絲綢之路』作爲對外發展方針，將這一學術課題提升爲國家願景的高度，使海上絲綢之路形成超越學術進入政經層面的熱潮。

與海上絲綢之路學的萬千氣象相對應，海上絲綢之路文獻的整理工作仍顯滯後，遠遠跟不上突飛猛進的研究進展。二〇一八年厦門大學、中山大學等單位聯合發起『海上絲綢之路文獻集成』專案，尚在醞釀當中。我們不揣淺陋，深入調查，廣泛搜集，將有關海上絲綢之路的原始史料文獻和研究文獻，分爲風俗物産、雜史筆記、海防海事、典章檔案等六個類别，彙編成《海上絲綢之路歷史文化叢書》，於二〇二〇年影印出版。此輯面市以來，深受各大圖書館及相關研究者好評。爲讓更多的讀者親近古籍文獻，我們遴選出前編中的菁華，彙編成《海上絲綢之路基本文獻叢書》，以單行本影印出版，以饗讀者，以期爲讀者展現出一幅幅中外經濟文化交流的精美畫卷，爲海上絲綢之路的研究提供歷史借鑒，爲『二十一世紀海上絲綢之路』倡議構想的實踐做好歷史的詮釋和注脚，從而達到『以史爲鑒』『古爲今用』的目的。

凡例

一、本編注重史料的珍稀性，從《海上絲綢之路歷史文化叢書》中遴選出菁華，擬出版百册單行本。

二、本編所選之文獻，其編纂的年代下限至一九四九年。

三、本編排序無嚴格定式，所選之文獻篇幅以二百餘頁爲宜，以便讀者閱讀使用。

四、本編所選文獻，每種前皆注明版本、著者。

五、本編文獻皆爲影印，原始文本掃描之後經過修復處理，仍存原式，少數文獻由於原始底本欠佳，略有模糊之處，不影響閱讀使用。

六、本編原始底本非一時一地之出版物，原書裝幀、開本多有不同，本書彙編之後，統一爲十六開右翻本。

目録

海運存稿（上）

海運存稿（上）

〔清〕佚名 輯

清咸豐七年鈔本

戶部為陳明事雲南司案呈內閣抄出直隸總督桂　奏江浙兩省
漕糧由海運津向由省派委道員會辦附片相應抄單恭錄
硃批行文駐津驗米大臣查照可也
計單
桂良片再江浙兩省漕糧由海運津向應
奏明派委道員會同天津道設局總辦本年南糧指日抵津自應循照
舊章遴員派委茲查有候補道許誦恒年壯才明堪以委赴天津會
辦除繳飭遵照外謹附片具
奏伏乞
聖鑒謹
奏咸豐七年二月三十日奉
硃批知道了欽此　咸豐七年三月初十日咨

[illegible]

欽差駐津驗米王大臣

户部總督倉場為咨呈事照得本部堂具奏委派滿坐糧廳隨同兑
收海運漕糧一摺相應抄錄原奏恭錄
諭旨咨呈
貴大臣欽遵查照可也
計單
奏為委派坐糧廳隨同兑收海運漕糧仰祈
聖鑒事竊臣等於咸豐七年二月三十日恭奉
上諭崇著補授倉場侍郎著即會同端 前往天津查津兑收海運漕
糧欽此 臣等查歷辦海運成案向派坐糧廳一員帶領經紀人等隨同
查驗兑收此次江浙二省漕白糧米均由海運自應查照舊章辦理
臣等公同商酌擬派坐糧廳刑部郎中覺羅續慶隨同認真查驗並
飭慎選妥實可靠經紀人等前往斛收嚴禁從中需索等弊庶於漕

務倉儲均有裨益理合恭摺奏
聞伏乞
皇上聖鑒謹
奏咸豐七年三月十二日奏奉
旨依議欽此 咸豐七年三月十四日發
欽差駐津驗米大臣和碩鄭親王

直隸天津　兵備道為申報事竊查前奉
户部劄飭以江浙兩省辦理海運委員如已到津即將該委員等到
津日期報查等因奉此茲浙江糧道王友端江蘇糧道書齡均於三
月十三日到津所有江浙二省委員到津日期擬合具文呈報
憲臺查核為此備由具呈伏乞
照驗施行　咸豐七年三月十五日天津道英毓呈
欽差和碩鄭親王

鹽運使銜浙江督粮道為稟報事竊照本年浙省漕白粮米仍由海
運職道帶同委員由陸路赴津辦理交兑事務茲於三月十三日行
抵天津除俟
王爺憲台按臨隨同伺驗米船並將一切交兑事宜督率委員辦理外相應
備文稟報伏乞
王爺憲台察核為此備由呈乞
照稟施行　咸豐七年三月十五日督粮道王友端謹稟
欽差驗米大臣和碩鄭親王
倉場總督部堂崇

江蘇巡撫趙　為詳請咨送事據蘇州布政使何俊詳稱竊照蘇松
太三府州屬咸豐七年起運六年分漕白糧米奉准仍由海運先經
由司札飭上海局員雇備沙船一面飭屬赶緊剝運陸續裝兌茲據
滬局具報各屬起運交倉漕白正耗等米十二萬九千八百九石五
斗八升四合七勺同捐輸正耗米一百三十四石二斗已於三月初
七日一律兌竣共裝沙船一百零一隻飭令開行守風放洋造具全
數放洋船號花名米數清冊呈送前來相應具詳伏候分咨
戶部科並
倉場部堂直隸督院暨
驗米大臣一體查照等情到本部院據此相應咨送為此合咨
貴大臣請煩查照施行　咸豐七年三月二十一日咨呈
欽差駐津驗米大臣

戶部為欽奉事雲南司案呈內閣抄出浙江巡撫晏　片奏浙江省
常平倉谷碾動賑濟並二批放洋附片咸豐七年三月初七日奉
硃批覽戶部知道欽此欽遵於本月初九日抄出到部十一日由司前來
相應恭錄
硃批抄錄附片行文駐津驗米大臣遵照可也
計單
晏端書片再御史宗稷辰奏請江浙兩省近水各州縣倉存谷石碾
運赴　通經戶部議覆浙省倉谷除碾動八萬石賑濟災黎外能否
碾運若干石於海運沙船附同北上等因奏奉
諭旨行文到浙　臣查浙省常平倉谷咸豐六年分歲報案內實存四十九
萬四千六百七十餘石內杭嘉湖三府屬地處水鄉共存谷一十萬
二千餘石上年大災以後民力萬分拮据將來青黃不接之時均應

開倉平糶勢難緩動此外金衢嚴三府屬亦一水可通共存倉谷一
十九萬七千餘石查浙東各縣支放本地兵米例應動舊倉谷春借
秋還且各該府當災歉之餘米價昂貴飭據所屬詳請開糶以平市
價亦難動運其餘甯紹台三府屬共存谷六萬六千二百石或通府
積儲無多或各縣亦須平糶且有山川間阻之處溫處二府屬共存
谷一十二萬八千六百餘石距省遙隔千里類皆重山峻嶺挽運尤
艱臣與藩司慶廉通盤籌畫委實難以碾運除經遵照上年
諭旨於賑濟案內動碾八萬石外據該司具詳前來理合附片具
奏伏乞
聖鑒再本年海運漕米頭批放洋以後二批米石於二月二十日接續放
洋統計先後兩批共已起運米一十二萬六千二百餘石合併陳明
謹

奏咸豐七年三月初七日奉
硃批覽戶部知道欽此　咸豐七年三月二十七日發
欽差駐津驗米大臣

欽差兵部正堂全
倉場部堂李　為呈覆事准駐津驗米王大臣咨稱查剝船應得剝價
銀內扣留銀四兩每起共扣銀四百兩黏貼印封交押委員弁帶通
查收如剝船米石無虧當堂補給倘有短少即查明剝船應賠米數
押令全數補足再行找給等因咨行在案今查各該起押運委牌批
明短米如數追繳其某船米若干經剝分賠若干以及扣留剝價如
何找給之處均未聲敘津次無憑查核相應移咨將前項剝價有無
補給以及短米船名米數暨分賠獨賠各數一併查照成案轉飭分
開單知照津轅以憑查核等因查剝船虧短米石前經本部堂札飭
貴處駐壩委員及各起押運員弁會同通州知州遵照戶部奏定章
程分別追賠至扣留剝價亦由
貴處駐壩委員稟明某船賠補足數即令該委員等傳齊船戶同到
通轅將應找剝價原封銀兩當堂按名給發在案旋據各該委員稟

稱所短米石均係遵照經紀劃各半分賠成業辦理本部堂即於各
起批回內批明有無蒸賣潮濕字樣至短米船名米數並別賠補數
目緣同批內業已批明攙各該委員稱遵照成案如數追繳是以未
即詳細聲敘茲准
貴王大臣咨覆除札飭通州坐糧廳及駐壩委員等抄錄以前各起
短米船名米數及各半分賠數目清單稟覆外嗣後各起批回應遵
照分晰註明相應先行呈覆可也
咸豐七年五月初九日咨
欽差駐津驗米王大臣

知府用江蘇候補同知李初圻謹
稟
王爺爵前敬稟者竊據江蘇糧道家丁沈祿稟稱家主鹽運使銜蘇松督
糧道書齡係廂黃旗滿洲德光佐領下人
奏委赴津督辦海運交米事宜詎於五月初八日在天津差次接到家
信驚悉老家主正白旗滿洲都統署理西安將軍薩迎阿於本年四
月二十七日在任病故家主係屬親子例應丁憂合將蘇糧道關防
一顆遵例封固送呈伏乞轉報等情前來除將關防謹敬收儲聽候
核示外理合據情轉稟伏乞
王爺電核實為德便恭請
鈞安伏惟
慈鑒同知初圻謹稟

知府用江蘇候補同知李初圻廂紅旗漢軍現年四十七歲由通判
於道光十六年到蘇歷奉代理鎮江府知府署蘇州常州等府同知
通判暨青浦縣事奉委督押蘇常太河運糟船赴通六次全完咸豐
四年海運奉委瀏河總辦五六兩年均奉委省滬局並赴津交米二
次蒙以海運出力主
奏獎歷奉
恩旨賞加同知銜並予同知升用暨補同知後以知府用先換頂戴本年海
運奉委來津隨同糧道總辦交米事宜謹畧

押運第十起委員候補府經歷丁如松
霸州營額外外委張文傑謹

稟

王爺台下敬稟者竊經歷等奉委押第十起官民剝一百四十六隻於本月初二日酉刻自津開行催儧前進不敢稍有疎忽於初八日行抵第八段長淩營地面會同八段委員陳爾魯武弁張勇並經紀等役等嚴密巡查茲查得二十六號官剝船户柴君付將頭三艙封條揭去艙板起開經歷等驗看艙内灰印糢糊顯係有偷漏情事該船户偷出之米移放後艙約計二石有餘當經眼同經紀代役等起出歸入原艙經經歷等加押封十三條並取具該船户偷漏是實甘結一紙收存仍將該船户交代役看管到通時再行送州辦理除另稟海運總局外所有查獲揭艙偷米情形合肅馳稟

王爺查核恭請

福安伏乞

垂鑒

如松
文傑 謹禀 五月初九日

護理江蘇督粮道知府候補同 知爲稟報事咸豐柒年伍月初八日
奉
王爺札開蘇松粮道書齡現丁父憂該省海運米石尚未全數收竣
所有粮道關防應即札委總辦局務之知府用江蘇候補同李初圻
暫行護理督辦該省交米事宜毋稍貽悞等因並蒙
粮道憲書齡遣丁賫送關防前來同 知 謹遵即於是日接收辦理交
米事宜除俟事竣同南謹敬賫呈
新任粮道薛焕接收外將奉委暫護蘇松粮道關防日期具文通
報伏乞
王爺鑒核爲此備由申祈
照鑒施行咸豐七年五月初十日詳
欽差駐津驗米王大臣

欽差兵部正堂全
倉場部堂李　為咨呈事准駐津驗米王大臣咨稱查大通橋運米
進倉例定一日以三萬石為率何以四月二十一日至二十五日到
橋之米已有四萬餘石在號米二萬餘石僅止運倉米一萬餘石實
屬遲且此項米石堆積號房日久必致滋生弊端殊非慎重漕糧之
道合亟札飭大通監督將前項米石赶緊運倉並將因何堆積號房
不即轉運緣由據實詳核核辦如再行前延玩定行查案嚴參並移
咨查照飭催等查大通橋轉運漕糧前因積壓過多車輛不敷將該
監督等記過一次車頭邢文富吳懷等提解行轅從重責懲並限令
該監督等督飭車戶于例定大車一百二十輛之外加倍大車八十
輛迅將所存之米赶緊運倉如再有積壓即行參奏在案惟查近日
所運之米雖較前加多而堆積號房者仍復不少且豫東河漕糧即
日可以抵壩驗收若再不迅速轉運將來口袋必致不敷輪轉堆積

號房之米必更弊竇叢生該監督能當此重咎耶相應再行札飭大
通橋監督接日迅速轉運並將現存號房之米即日運竣如再稍有
積延除將車戶等提轅從重懲辦外仍將該監督等從嚴行參處決
不寬貸兹准
貴王大臣咨催除再行嚴札大通橋監督遵照辦理相應先行咨覆
可也
咸豐七年五月初十日咨
欽差駐津驗米王大臣

護理直隸天津等處地方總兵官事保定營參將岳克清阿為咨呈
覆事本年五月初十日蒙
憲劄內開查剝船抵通虧短米石是否經紀剝船分賠抑係剝船獨
賠現經天津道等將各起押運文員詳細傳問取具甘結先行呈轅
查閱尚屬核實所有各起押運武弁應劄天津鎮將通填賠米實在
情形逐一傳問明確取具切結詳轅核辦毋稍含混切切特劄等因
蒙此卑職遵將奉派各起押剝差竣回津之武弁高鍾路等傳齊逐
細查明取具通填賠米實在情形切結理合呈送
憲轅聽候核辦為此備由具呈伏乞
照驗施行
咸豐七年五月十一日咨
欽差驗米王大臣

管理
幫辦户部坐粮廳吏部稽勳清吏司員外郎張職 裕豐倉監督文隆 大通橋監督祝如濂
呈為呈覆事蒙
王爺
台憲劄開查津次起卸漕粮派員監視斛收併逐艙封固嚴密而剝
船到壩仍復有偷漏使水之弊殊不可解查明白粮蔴袋裝載到通
尚無弊端現在運通白粮已有六萬餘石應移咨駐通驗米王大臣
倉場部堂轉飭通倉監督將騰出之蔴袋挑選三四萬條委解來津
裝運漕粮庶免偷漏攙和使水等弊且先試辦一次再作辦理等因
蒙此職廳等隨即行飭土壩委官嚴催白粮經紀將坐派白粮趕緊
分運進倉迅速騰出蔴袋以便解津並詳明駐通
欽差驗米大臣
倉場部堂轉飭通永倉監督遵辦外茲據西中倉監督移送騰出蔴
袋及原存挑選蔴袋共二萬二千條于本月初八日移送到廳職廳
等逐即稟明

欽
憲派員併揀派舍役星速解津以供應用理合具文呈覆請文
倉
王爺鑒核施行
咸豐七年五月十一日咨
欽差駐津驗米王大臣

大通橋監督内閣侍讀衔中書富和
署大通橋監督禮部堂主事世啟為呈覆事奉
憲台劄開大通橋運米進倉例定一日以三萬石為率何以肆月二十一日至二十五日止到橋之米已有四萬餘石在號米二萬餘石僅運倉米一萬餘石實屬遲延且此項米石堆積號房日久必致滋生獘端殊非慎重漕粮之道合亟劄飭大通橋監督將前項米石趕緊運倉並將因何堆積號房不即轉運緣由據實詳蘇等因奉此遵查職等轉運漕粮向以日行三萬為率惟歷年漕粮甫經到橋之始京外路遠之車一明不能赶到進倉每覺短少前經日明駐通驗米
欽憲並將車戶頭役送通責懲仍由職等嚴飭車戶於官車一百二十輛外加車僱運今截至五月初六日已將號房米石陸續起運進倉至進倉日行三萬原以内城外倉口均匀大車小車人夫三項分投運送本年因捐米停派外倉大通橋轉運只有城内七倉大車可運小

東倉口暨太平杭運倉口海米均無派數未免辦理棘手刻下入號
拉米之車實有二百輛已由駐通驗米
欽憲委員點驗在案嗣後天長道職等惟有仰體
憲台慎重漕糧之意總期迅速進倉斷不敢稍涉因循
咸豐七年五月十一日咨
欽差駐津驗米王大臣

直隸天津府天津縣為詳覆事咸豐七年五月初六日蒙
王爺劄開本日據候補縣丞顧肇域面稟前經訪出公館辦差家人劉姓
假託供應本爵每日用米二斗錢十餘吊經該縣丞告知該縣旋將
家人劉姓驅逐現聞劉姓挾嫌捏稱該縣丞假託本爵日用每日向
該縣索錢十二吊文並稱該縣丞有向剝船需索京錢一吊文等情
既據該縣丞面稟應仰該縣即將劉姓傳案查訊究辦並查有無本
府家人需索情事一併確實詳明毋稍徇隱特札等因蒙此遵即飭
查傳劉姓即劉永去後茲據原差前赴劉永家內查得劉永于被逐
回家後業已外出遠離喚案理合回明等情據此 知縣 現復選派幹
役嚴傳一俟到案自當從重究辦外伏念
王爺駐津月餘需用一切均係自備隨來護衛人等毫無向 知縣 需索情
事出具切實印結詳送

王爺查核爲此備由具冊具申伏乞

照詳施行

咸豐七年五月十一日咨

欽差駐津驗米王大臣

王爺崇覽俯賜憑咨
山東撫院檄行福山縣迅將勘驗情形星馳詳報一面會營選派兵
役上緊嚴緝贓盜速獲究辦實為公便除詳
浙撫院外為此備由呈乞
照詳施行　咸豐七年四月初九日咨
欽差和碩鄭親王
書埔鎮督部堂崇

直隸候補道
天津道爲詳覆事竊奉
王爺面諭所有初八日第八排監兑封艙委員係屬何人查明禀覆
等因查第八排監兑封艙係候補縣丞王錫試用未入潘岱職道等
奉諭後遵即詢詰據稱初八日申刻
倉憲至第八排查看見沙船內有氣頭米傳南北兩局監兑委員查
詢彼時王錫面禀氣頭米一項今年係歸南省委員承辦
倉憲令撥一笆斗驗看後隨令王錫送回原船親帶一色偷查潘岱
彼時在剝船封艙未能面見等語嗣奉
王爺傳諭今日飭查頭起封條內有破損短少且封艙委員並未在
船殊屬不成事體著查明詳覆等諭遵查剝船封釘後即陸續前赴
總局掛號圓契齊集一百隻聽候散放剝價過閘開行飭查時各剝
船係在風神廟停泊該委員等彼時均在沙船掛剝處所監兑封艙

第二起精粮是以未經在船所有封条破損之船名數目及封艙委
員職名謹另繕清單呈
閱至分排監兑封艙初七日係屬兩員一排嗣因前驗各排均未兑
竣是以監兑封艙僅止一員職道等已隨時添委候補鹽大使陳毓
坤天津縣縣丞章樹春候補運判高履亨候補布理問趙秉恒天津
府經歷張子誥候補未入陳林等監兑封艙仍飭每排兩員分明某
員監兑某員封艙如有偷安怠惰即行指名詳參理合據實詳覆
王爺憲臺查核示遵為此備由具呈伏乞
照詳施行　咸豐七年四月初十日呈稟
計送清單一扣

直隸候補道天津道為詳覆事竊奉

王爺憲臺面諭查初十日裝載第七排之南皮縣賈海山剝船水艙內存水

較多飭令將監兑委員職名並是否認真油艌等諭職道等奉

諭後道查第七排監兑委員係候補縣丞朱瀛並傳詢楊村通判高維

翰據稱賈海山剝船係屬油艌堅固之船乃該船戶不慎以致水艙

內仍有潮滲之處當即扣留聽候復驗並令出具剝壩如有潮濕加

倍治罪甘結等語查該船業經裝米如須更換應請再行過斛現已

扣留恭候復驗是否更換理合具文詳請

王爺憲臺查核批示祇遵為此備由具呈伏乞

照詳施行　咸豐七年四月十二日禀

欽差驗米王大臣

鹽運使銜浙江督糧道為詳請飛咨事據江南沙船耆民周賫崑呈稱受駕沈寶生商船在上海裝運浙江桐鄉縣漕米一千二百石經耗剝食米一百二十八石零隨帶庫銀商本並洋布等貨於本年三月初七日由吳松口放洋十六日行至山東蘇山西南外洋忽遇盜船一隻被盜持械過船劫去經費庫銀二千三百八十八兩商本銀一千二百兩洋布兩箱糧道臺王竹箱木箱兩隻絲纜一條及衣物零星物件又擄去副耆民水手各一名當赴榮成縣呈報會營親詣查勘屬實錄取供結存案奉給印照諭令赴業開行現在船已到津為此呈乞轉詳等情並呈送盜給布旗一面紅條一紙並榮成縣印照一張到道據此職道當傳該耆民周賫崑到案督同局員嚴守逵加訊問供與呈詞相同查該船在洋被盜尚未接到榮成縣報文惟已據報縣會勘給有印照呈驗似屬可信至該船劫去搭帶經費與

原交銀數是否相符亦未接滬局來文無從知悉除飛咨查覆核辦
外所有漕船呈報遇盜被刦銀兩緣由理合備文詳報並將布於緘
條隨文呈送伏祈
王爺
憲臺俯賜飛咨
山東撫院檄行榮成縣迅將勘驗情形呈覆詳報一面會營選派兵
役上緊嚴緝賍盜速獲究辦實為公便除詳
浙撫院外為此備由呈乞
照詳施行　咸豐七年四月十二日咨
欽差驗米王大臣

盡運使銜督辦天津交米江蘇督糧道為報明事竊據江蘇運糧沙
船莊合順舵工施朝邦報稱裝運新陽縣白糧正米一千石隨同各
耗并帶各貨於三月初七日自南佘山放洋十六日行至蘇山西南
外洋遇盜刦去白粳米約四十餘包客包洋布鋪蓋衣服等件并擄
去耆民水手二名當經報明滎成縣勘明被刦屬寔給發路照來津
報案又據沙船豫德隆耆民朱吉人報稱裝運金山縣漕糧一千九
十五石六升三合六勺隨同各耗并帶小貨於三月初九日放洋十
九日行至蘇山迤東外洋遇盜截住刦去漕米三十餘石銀錢布疋
鋪蓋衣服等件並擄去舵工一名當報滎成縣勘寔給照來津呈報
各等情到局據此當即督飭局員提驗滎成縣所給路照內敘與所
報大畧相同核其放洋與失事日期均亦相符尚無運遲情事查訊
兩船商貨銀錢衣被均被刦掠并擄去耆民水手情形殊堪憫惻本

道查海運沙船在洋行駛歷係責成沿海各營水師鎮將帶兵在於
所轄洋面嚴密巡防護送復由滬局雇備輪勇各船勦捕辦理不為
不密今莊合順孫德隆二船在蘇山洋面連被盜刦並據稱風聞續
後另有出事之船必須嚴飭實力堵緝防護期保無虞除俟該兩船
卸米完竣核實所短米若干由局另行查辦並先報明山東撫院飭
營趕速勦捕務靖盜蹤外合行報明伏乞
王爺電核俯賜飛咨
山東撫院嚴飭勦捕護運俾使糧艘穩渡盜艘潛蹤實為得便為此
備由禀請
照禀施行　咸豐七年四月十二日咨
欽差和碩鄭親王

直隸候補道 户部坐粮廳 江蘇粮儲道 直隸天津道 為
議海運抵津米石擬將撥運捐米先抵漕粮兑收以重正供事竊查
咸豐六年辦理海運因江浙兩省漕粮捐米沙船同時抵津當經職
道等擬以先到米船無論漕粮捐米儘數作為正供運通俟正供得
以及早兑竣詳奉駐津
欽差
刑部左堂譚 倉場部堂阿 批准照辦在案茲查本年江浙兩省漕粮由海運津
剥運赴通米數較上届減少查江省有捐米一百二十石係隨漕[illegible]
撥運來津本應分項兑剥惟米數不敷一起剥運自應仍照上届[illegible]
章將此項捐米儘數作為正供運通俟正供足額後續到之米作為
捐輸應辦法簡便漕粮得以及早兑竣並免短缺之虞職道等為慎
重正供起見理合具文詳明
王爺 憲臺 查核俯賜轉咨

欽差駐通大臣　漕憲　江蘇撫院　戶部知照實爲公便爲此備由具

呈伏乞

照詳施行　咸豐七年四月十二日咨

欽差驗米王大臣

浙江巡撫晏　爲咨呈事爲照浙省海運漕米全數兑竣放洋緣由
經本部院于本年三月二十日恭摺附驛具
奏除行藩司糧道海運省滬津三局移行遵照外相應抄摺咨呈爲此
咨呈
王大臣謹請察照施行
計抄摺
奏爲本年海運漕船全數兑竣放洋恭摺奏祈
聖鑒事竊照浙省本屆海運漕白二糧並籌備餘米共二十五萬三千五
百八十六石七斗一升七合九勺分作四批起運本年正月二十六
二月二十等日頭二兩批兑竣開行均經臣恭具摺片由驛馳
奏所有三批米石接續兑開今第四批之米亦于三月十八日兑竣放
洋先後共装甯船沙船一百六十五隻由省局司道轉據滬局委員

丁嘉葆具詳請
奏前來除飛咨直隸山東江蘇各督撫 臣轉飭水師沿途護送並分別
咨呈
欽差驗米王大臣倉場侍郎暨行知糧道王友端津局委員麟趾等查照
外刻下南風司令旬日間即可全抵津門足以仰慰
宸廑所有本年海運漕船全數兌竣放洋緣由謹繕摺附驛具
奏伏乞
皇上聖鑒謹
奏 咸豐七年四月十二日洛
欽派驗米王大臣 端 阿

欽差

兵部正堂全
管場部堂李

為咨行事准駐津驗米王大臣咨稱查咸豐五六兩年撥通米石有虧僅令剝船賠補殊覺寬枯且與道光二十八年奏准成案不符合再申明例案如撥通米石查有攙和偷漏等弊經紀稟明有案虧短米石責令剝船獨賠治剝船以應得之罪經紀並未查出稟明或通同舞弊虧短米石責令經紀剝船各半分賠各治以應得之罪即無前項弊端艙封灰印均各完好而米石交不足數即係虧短亦應照案飭令經紀剝船各半分賠以肅運務等因查海運漕糧剝運到通戶部奏定章程原有分別獨賠分賠之案本部堂到通後業經聲明例案出示曉諭在案

貴王大臣咨稱剝船經紀即無弊端艙封灰印均各完好而米石交不足數亦應照案飭令各半分賠之處自係為慎重漕糧起見應劄

飭津道坐探應隨妥辦理仍祈核覆

貴大臣查照可也

咸豐七年四月十三日文

欽差駐津辦夷王大臣 和碩惠親王 會同辦理

欽差
兵部正堂全
倉場部堂李
爲咨行事准駐津驗米王大臣咨稱查户部奏准成案押運委員催
趲彈壓是其專責至收米交米統歸經紀一手經理倘潮濕短少自
惟經紀是問若將短米之故責諸委員議以處分經紀轉得置身事
外卸責委員反爲疏懈等因在案原以承運承交經紀責無旁貸部
議本自平允第恐該委員恃無處分並不跟船前進致剝船得以肆
意偷竊殊不足以昭慎重此次海運米石應令押運委員認真催趲
嚴密稽查如剝船中途作弊該文武委員未經查出稟究別經發覺
除將虧短米石責令經紀剝船分賠外定將該員弁指名嚴參議處
等因查剝船運米到通節節派員稽查彈壓原所以防偷漏使水等
弊而於到通盤驗時仍有潮濕短少等弊自係該委員等未能實力
稽查所致本部堂業經揀派員弁前往迎護稽查並嚴行牌飭在案

令據

貴王大臣咨稱剿船辦獎委員未經查出案究別經發覺除飭令經
紀剿船分賠外從將該委員指名參處等因除劄行通堂糧廳遵照
外仍將本部堂所發牌稟抄錄咨覆
貴王大臣查照可也

計牌

為牌行事前因海運漕糧將次到通特派委員溥福等前往迎護實
力稽查並派委員何荃馨等輪流查訪迎催各處撥船揭封使水等
弊惟恐該員等玩忽偷安仍屬有名無實為此牌仰該委員等務宜
趕緊迎催實力查訪如查有弊端即行稟報由本部堂記功一次倘
撥船到通後經本部堂查出弊竇該員等並未先行稟明有案定將
該員等從重參處決不寬貸凜之慎之切切須牌

咸豐七年四月十三日咨

欽差駐津驗米王大臣和碩鄭親王
倉場部堂

户部為恭報事雲南司案呈内閣抄出兩江督等奏蘇省海運漕白
糧米全數放洋一摺相應抄錄原奏恭錄
硃批知照駐津驗米王大臣查照可也
計單
兩江總督臣怡良 江蘇巡撫臣趙德轍跪
奏為海運漕白糧米全數兑竣開赴十滧守風放洋日期循案恭摺由
驛馳奏仰祈
聖鑒事竊照蘇省咸豐七年起運六年分蘇松太三府州屬漕白二糧共
該米三十六萬六千二百二石零除截留軍餉米二十五萬石實計
起運交倉漕白共米一十一萬六千二百二石零一律仍由海運津
前經會議辦理章程具
奏並飭將漕白米色加意挑選責令蘇松督糧道書齡兹理蘇松太道

蓋蔚雯復加查驗招雇沙船趕緊裝運依限放洋在案茲撥滬局委
員具報各屬應運米石陸續運滬隨兌隨開已於二月十八日先將
兌竣各船飭赴十滧守風放洋截至三月初七日全數兌竣核計共
運漕白正耗米一十二萬九千八百九石零內除隨交津通倉耗三
款漕白米三千二百五十九石零沙船耗米一萬三百四十八石零
外實在交倉漕白正耗米一十一萬六千二百二石零並搭運捐輸
正耗米一百三十四石零共派裝沙船一百一隻同水脚等銀隨米
發給清楚取具領狀互保同實裝米數各結填給聯單查明各船水
手稽賫携帶器械飭令一律開行隨同浙糧聯幫放洋北上等情前
來伏查今屆海運漕白糧無多因之船數亦少洋面遼濶巡防尤宜
周密現已飭令同知銜寶山縣紳董朱萁等督押沙船赴津照料並
飭善後緝捕局董蕭縉帶齊輪勇及船分頭駐泊會同沿海水師督

津兵勇嚴密巡查一面飛咨本省鄰省各鎮營督帶兵船迎護查送
以壯聲威外今將海運米石全數兑竣開行日期會同漕運總督臣
邵燦恭摺由驛飛馳
奏伏乞
皇上聖鑒謹
奏咸豐七年三月二十一日奉
硃批知道了欽此　咸豐七年三月二十七日發
欽差駐津驗米王大臣

浙江海運天津局委員金華府知府為稟報事竊照本年浙省漕白
糧米仍由海運奉委卑府等赴津辦理收兑事宜遵經抵津茲於三
月二十四日開局除將收兑一切事宜趕緊辦理外相應備文稟報
伏祈
王爺
憲臺察核為此備由稟乞
照稟施行 咸豐七年三月二十八日知府麟趾呈
欽差驗米王大臣和碩鄭親王
倉場總督部堂崇

户部總督倉場為咨呈事照得本部堂附奏派委監督赴通幫辦驗收事宜夾片一件相應抄錄原奏恭錄

諭旨咨呈

貴大臣欽遵查照可也

計單

再滿坐糧廳續慶現經臣等奏明隨同臣崇 赴津驗收海運米石倉場司員祇有漢坐糧廳張樾一人該員有稽查轉運之責必須逐日到壩督率經紀認真盤驗兼之大通橋五閘十七倉一切經費頭緒紛繁亦均由該員一手經理誠恐耳目未能兼顧查五六兩年曾經奏派滿漢監督各一員隨同臣等赴通幫辦驗收事宜在案此次自應照辦茲查有大通橋監督祝如濂上年曾經幫辦坐糧廳於驗收事宜尚為熟悉又裕豐倉監督文隆人亦勤慎堪以派往赴通幫

同驗收粮米事宜俾該廳員無顧此失彼之虞實於公事有益是否
有當謹附片奏
聞伏乞
聖鑒謹
奏咸豐七年三月二十四日奏本日奉
旨知道了欽此　咸豐七年三月二十九日泐
欽差駐津驗米大臣和碩鄭親王

戶部總督倉場為咨呈事照得本部堂具奏備辦先漕事宜一摺相
應抄錄原奏恭錄
諭旨咨呈
貴大臣欽遵查照可也
計單
奏為先漕事宜辦理齊備恭摺奏
聞事竊照漕糧抵壩之前所有一切轉運事宜俱應先期備辦查石壩每
年額製口袋十八萬條臣等因庫款支絀力求撙節本年實製口袋
九萬條俱催令將布尺購齊已於二月二十三日親赴通州逐捆點
驗丈尺觔兩俱與定制相符即飭令趕緊縫紉細密以資應用現已
據報縫齊隨即委員印用戳記編列年分字號以防短少抵換之弊
並將上年所用殘袋挑選可用者飭令縫補以備新袋不敷之需再

查裏外河各閘汎恐有淤淺之處已飭令通永河道暨漕運通判督
率各該汎弁閘官等認真刮挖疏濬務使一律深通其裏河及城河
撥載船隻嚴飭加修油艌堅固並將各船應用器具及大通橋座備
長車等項均責令先期備辦齊全不致臨時貽誤臣等仍隨時稽核
以昭慎重本年海運糧米前據浙江撫臣馳奏該省漕糧於正月二
十六日將頭批米石船隻開至十滧候風放洋現據天津鎮道會報
已有沙船到口計日即可抵津轉運謹將備辦先漕事宜恭摺具奏
伏乞
皇上聖鑒謹
奏咸豐七年三月二十四日奏本日奉
旨知道了欽此　咸豐七年三月二十九日咨
欽差駐津驗米大臣和碩鄭親王

浙江巡撫晏端書為詳請核咨事據海運省局詳稱竊照收兑漕糧
本用漕斛向來河運抵通槩以洪斛交納仍折漕斛核算浙省上屆
海運漕糧兑交商船係由各屬備帶漕斛解至出進海口將浙省糧
道衙門部頒鐵斛由選兑委員較準印烙加貼印花交商船携帶赴
津並將省部頒鐵斛解送天津由浙省委員呈請驗米大臣與天津
鐵斗倉場米斛互相較驗以昭畫一嗣因浙省奏頒鐵斛上有損文
一綫恐較量不準當以蘇省鐵斛與浙省糧道衙門所頒木斛較準
行用上屆曾經詳明借用較驗在案今屆自應照辦相應詳請分咨
兩江督江蘇撫院轉飭蘇省藩司省局及赴津交米大員蘇省津局委員一
體遵辦俟浙省首批米石抵津即借用蘇省帶津鐵斛較驗一面咨
明戶部備查暨
倉場部堂直隸督院飭行坐糧廳天津道府查照辦理並請俟奉派驗米大臣一

體咨明實為公使等情除經前部院分咨外相應咨呈為此咨呈王

大臣謹請察照施行　咸豐七年四月初二日咨

欽差驗米王大臣端阿

江蘇巡撫趙　為抄摺咨行事竊照蘇省咸豐六年海運漕白糧米
全數兑竣開赴十滧守風放洋北上緣由經本部院於咸豐七年三
月十二日會同漕督部堂恭摺由驛具
奏除俟奉到
硃批另行恭錄咨行外合先抄摺咨明為此合咨貴大臣請煩查照希飭
天津文武及沿海水師將弁統帶兵船在洋迎護催儧毋稍疎懈仍
將出境日期示覆施行
計抄摺
奏為海運漕白糧米全數兑竣開赴十滧守風放洋日期循案恭摺由
馹馳奏仰祈
聖鑒事竊照蘇省咸豐七年起運六年分蘇松太三府州屬漕白二糧共
該米三十六萬六千二百二石零除截留軍餉米二十五萬石實計

起運交倉漕白共米一十一萬六千二百二石零一律仍由海運津
前經會議辦理章程具
奏並飭將漕白米色加意挑選責令蘇松督糧道書齡護理蘇松太道
嚴飭雯覆加查驗招雇沙船趕緊裝運依限放洋在案茲據滬局委
員具報各屬應運米石陸續運滬隨兌隨開已于二月十八日先將
兌竣各船飭赴十激守風放洋截至三月初七日全數兌竣核計共
運漕白正耗米一十二萬九千八百九石零內除隨交津通倉耗三
款漕白米三千二百五十九石零沙船耗米一萬三百四十八石零
外實在交倉漕白正耗米一十一萬六千二百二石零並搭運捐輸
正耗米一百三十四石零共派裝沙船一百一隻同水脚等銀隨米
發給清楚取具領狀互保同實裝米數各結填給聯單查明各船水
手藉貫攜帶器械飭令一律開行隨同浙糧聯幫放洋北上等情前

來覆查今屆海運漕粮無多因之船數亦少洋面遼濶巡防尤宜周
密現已飭令同知銜寶山縣紳董朱霈等督押沙船赴津照料並飭
善後緝捕局董潘縉帶齊輪勇各船分頭駐泊會同沿海水師暨津
兵勇嚴密巡護一面飛咨本省隣省各鎮營督帶兵船迎提護送以
壯聲威外合將海運米石全數完竣開行日期會同漕運總督臣邵
燦恭摺由驛馳奏伏乞
皇上聖鑒謹
奏　咸豐七年四月初二日咨
欽差驗米大臣

浙江巡撫晏　為詳請核咨事據海運省局詳稱竊照海運漕白二
粮各州縣剝米到次逐一盤驗秉公料兑即于正米内撥出樣米一
斗交商船帶津呈驗浙省歷届海運均用蔴袋盛儲帶津呈驗詳咨
在案今届漕白海運應循案提出樣米裝用蔴袋粘貼印花交商船
裝儲船艙帶津由浙省赴津委員呈送驗米大臣查對俾船核實相
應詳候咨達
倉場 [illegible] 督院查照並請 俟奉
欽派驗米大臣一體咨明實為公便等情除經前部院分咨外相應咨呈
為此咨呈 王大臣謹請察照施行　咸豐七年四月初二日咨
欽派驗米王大臣 阿端

盐運使銜浙江督粮道王友端為詳請咨查事據浙江寧波府鄞縣
耆民王鱸鄉呈稱為被盜刦迫叩速賜查辦事竊身管駕盛裕泰
商船在上海承裝浙江平湖縣漕米一千七百七十石零隨帶商本
并洋布等貨於本年二月二十九日放洋三月十四日行至山東登
萬島外洋猝遇盜船二隻持械過船用斧砍傷大桅刦去商本元寶
銀四十錠大錢八千餘千洋布十二箱飯米十餘石及鋪蓋衣服零
星等物猶敢身帶有銀兩埋在艙內復將漕米拋入海中約計二百
石左右並將身捆縛拷打拋浸水中再三哀告方保性命當於二十
日赴寧海州具呈蒙將原呈移送福山縣二十二日縣主上船查勘
屬實諭令起碇開行隨後申報現在船已到津為此憑陳伏乞轉詳
等情到道據此職道當傳該耆民王鱸鄉到案督同局員麟守逐加
訊問供與呈詞相同隨即親詣該船查驗大桅有砍傷形跡裝運漕

米內有槐門艙暗艙缺少查該船在洋被劫據稱呈明地方官勘驗
有案職道未接福山縣報文殊難憑信必須咨查明確方昭核實至
被失漕米缺少若干應俟該船卸竣查明實數再行核辦所有漕船
呈報被盜緣由合先備文詳請仰祈
王爺憲台俯賜飛咨
山東撫院檄行福山縣就近將勘驗情形星馳詳報一面會營選派兵
役上緊嚴緝賍盜速獲究辦實爲公便除詳
浙撫院外爲此備由呈乞
照詳施行　　許　文
鹽運使銜浙江督糧道王文端爲詳請咨查事竊照本道詳報漕船
國械泰在洋遇盜情形請咨行查辦緣由除全敘入書冊外相應備
文詳請仰祈

戶部為欽奉事雲南司案呈准直隸總督桂　咨據布政使錢琦稟
呈稱查得遵化薊州豐潤易州等四州縣每歲應需截撥供應
陵工各色米石向係預期查明應需確數先行詳請咨部轉移倉場總督照
數截撥以供支放又奉准部咨嗣後
陵寢官員所需各色米石應自二十二年春季起半本半折所有應需一半
本色米石仍按年預期估報截撥等因遵照在案茲據各該州縣查
明丁巳年供應
陵工應需截撥各項本色米石先後開報覆查遵化州查報丁巳年供應
陵寢官員各色米石除倉存支放外應需白米四百五十石江米五十石粳
米七百石又薊州查報丁巳年供應
昭西陵並
妃園寢以及

端慧皇太子園寢官員應需上白米一百七十五石江米二十五石糙
粳米二百二十五石又隆福寺新設喇嘛應需丁巳年糙粳米二百
二十五石又豐潤縣查報丁巳年供應

孝陵

孝東陵官員應需白米二百五十石江米二十五石粳米三百五十石又易
州查報丁巳年供應

泰陵

泰東陵官員應需平上白米六百七十九石七斗二升九合平次白米九十
四石二斗三升二合平江米九十四石三斗七升四合七勺平粳米
三千七百六十七石九斗二升二合三勺平稄米一萬三千二百三
十八石一斗二升七合七勺平粟米三千九百零三石八斗一升二
合三勺又供應

昌陵

昌西陵應需平上白米一百九十五石八斗五升一合八勺平次白米五十
五石五斗八升六合五勺平江米二十九石四斗四升九合一勺平
粳米三百五十三石零九升零二勺平稜米一萬零一十五石六斗
五升七合二勺平粟米一千三百四十二石九斗四升八合四勺又
供應
慕陵應需平上白米一百二十二石八斗四升零五勺平次白米三十四石
九斗零八勺平江米一十八石三斗九升三合平粳米一百八十四
石四斗四升一合四勺平稜五千九百六十六石七斗八升六合一
勺平粟米七百零五石三斗二升六合七勺擬合具文詳請查核若
部轉移倉場總督照數預行截撥以供支放再
東陵兵役人等應需咸豐七年夏秋冬至八年春季止本色粟米向係在於

撫通漕糧內截撥其應需運腳銀兩似

東陵承辦事務衙門咨領到日再行核明撥給另行詳咨並請於咨復聲明

等情除咨倉場總督外相應咨明等因前來查

東陵兵役人等應支一半本色粟米於咸豐五年六月二十五日欽奉

諭旨自咸豐六年起仍由東豫二省漕糧內截撥放給等因其

西陵官兵及密雲駐防等處應需粟米及以粟抵稄米石業經本部核議查

照成案按每石折銀八錢在于直省八項折租銀內撥給奏奉

諭旨行文直隸總督遵照辦理各在案至

東西陵官員應需江白粳米各數應飭咨駐津驗米大臣在于江浙海運米內

照數撥給仍知照總督倉場咨覆直隸總督可也

咸豐七年四月十三日咨

欽差駐津驗米大臣

戶部為咨明事雲南司案呈山東撫奏預籌防護海運事宜一摺相
應抄錄原奏飛咨駐津驗米王大臣查照辦理可也

計單

奏為南糧仍歸海運預籌東洋防護事宜恭摺具奏仰祈
聖鑒事竊臣接准江浙兩省咨會各該省上年新漕除截留外其餘起運
正耗漕糧仍由海道運津東洋為南北要道亟應預籌防護查東省
內洋各島口如蓬萊縣之廟島長山島福山縣之芝罘文登縣之威
海榮成縣之石島俚島均為歷屆海運漕船停泊收風採辦薪水之
區巡防守護倍覺要緊現任登州府知府汪承鏞熟悉情形歷次防
漕並無貽悞本年籌議新漕應查照往屆成案責成該府於漕船入
境時往來各島口督飭守口員弁親歷稽查催儹彈壓其外洋巡護
事宜責令登州鎮臣王鵬年親身督帶師船認真辦理總期節節迎

護送出本境而止不得稍事懈弛致有疎虞惟東省新造廣船此時
尚未駛到自係為募雇水兵因而耽悞現在南漕臨運雖經已飛咨
飭催而重洋遠隔風汛靡常能否如期來東尚難預定水師現有戰
船為數無幾設或盜匪偵我實虛率衆肆擾實為漕務之患不可不
先事預防因思近年滋事洋盜皆係閩廣艇匪苟能於江南佘山一
帶扼住險要該盜匪等縱欲北竄斷難飛渡相應請
旨敕下兩江督臣嚴飭水師員弁務於佘山五條沙一帶洋面嚴密巡防
認真扼守不得任聽南省匪船竄越來北其護漕師船必須遵照奏
案護至東省石島洋面交替明白方准南下俾南北水師兩有責成
以昭慎重而免疎失除咨行遵照外所有籌護海道緣由理合恭摺
具
奏伏乞

皇上聖鑒訓示謹
奏 咸豐七年四月十三日治
欽差駐津驗米王大臣

欽差辦理通驗米大臣兵部正堂全倉場部堂李為
咨行事准辦津驗米王大臣咨稱海運米石剝運赴通責成經紀一
手經理惟剝船應領剝價每船扣留銀四兩封送通壩其經紀應領
飯米折色及一半津貼銀兩應令津坐糧廳按每起米石應領銀數
酌扣三分之一交該廳暫為收存如該起米石抵通有虧經紀並未
查出稟明有案即將經紀應賠米數責令照數賠完知照到津再將
扣存銀兩飭令補給如無應賠米石於委員押運牌內註明以便發
領等因查剝船運米赴通向由經紀押運如有虧短責成經紀剝船
分別賠補惟剝船扣有剝價銀兩而經紀並無扣項殊不足以昭平
允今據
貴王大臣部堂酌扣經紀應領銀兩三分之一實為妥協周密除劄飭
坐糧廳遵照外相應咨覆

貴王大臣部堂查照可也

咸豐七年四月十三日咨

欽差駐津驗米王大臣倉場部堂

管理戶部坐糧廳刑部山西清吏司郎中豐羅續慶

呈為呈報事案

欽差

和碩鄭親王 堂臺憲劉內開據直隸候補天津道詳稱奉諭查初十日裝載第七

排之南皮縣貫海山剝船水艙內存水較多飭查該船業經裝米如

須更換懇請再行還解現已扣留恭候覆驗仰廳剋即帶同原派承

起經紀赴次查驗是否毋庸更換取具該經紀甘結詳覆查核等因

蒙此卑廳遵即前往水次傳喚承起經紀李悅棠並查得貫海山剝

船艙內現已將水挑淨並取具該經紀船戶貫海山結稱奉撥漕糧

米石間蒙查出桅艙有水實因冷卯所致現在米已見足一律乾潔

赴通交卸如有潮濕等弊情甘加倍認罪各甘結存案備查外理合

報明請祈

鑒核為此備由具呈伏乞

照驗施行

咸豐七年四月十四日呈

欽差和碩鄭親王

浙江巡撫晏　爲詳送事據海運省局詳稱據滬局委員候補同知
丁嘉藻詳稱竊照浙省咸豐七年起運六年分杭嘉湖三府屬漕白
二糧秋米二十五萬餘石歲分四批放洋業將頭二三批剝放日期
並造具米數清冊詳送轉請分咨各在案今據各縣運米抵滬協同
各紳董斛手逐日兌交計四批起運商船四十三隻并以前各批米
船放放洋陸續艘加兌計共裝運漕白蕩儲正耗米六萬五千一百
八十六石九斗八升七合八勺于三月十八日全數兌竣陸續開至
崇明十滧地方候風放洋赴津交卸造具放洋清冊詳候轉請分咨
通計浙省本屆共裝用寧沙船一百六十五隻計裝白粳正耗米二
萬七千八百三十石一斗二升八合六勺白糯正耗米五千二十三
石四斗五升九合八勺漕糧正耗米二十一萬九千六百五十三石
一斗二升九合二勺蕩儲正耗米一千八十石糙共米二十五萬三

千五百八十六石七斗一升七合六勺外有各屬多運零尾米三勺
均已全數裝足放洋合併聲明等情亦將送到清冊詳候分咨
欽派驗米王大臣暨
倉場總督院轉飭駐津通坐糧廳天津道一體查照寔爲公便等情到本
部院據此除分咨外相應由六百里排遞咨呈爲此咨呈
王大臣謹請察照施行
咸豐七年四月十五日咨
欽派驗米王大臣端阿

直隸候補道天津道為詳明事本月十三日據楊村通判高灘稟面稟第四起九十四號穆興全之剝船行至第二段丁字沽地方潮落擱淺將第四艙之糧底折傷職道等即委高灘親帶同堅固剝船並知會坐糧廳前往解究茲據第四起押帶文武員弁陳巨源王恩慶駐第二段文武員弁何維桐王恩波稟稱本月十三日申刻行至二段丁字沽地方據九十四號官剝戶穆興全面稱該船因潮落擱淺即會同二段文武員弁查看得該船原係新豐本無滲漏之處乃以適過橫淺中腰墊擱土埂之上潮勢陡落尺餘兩頭懸空重壓以致第四艙糧底折傷艙板均斷當時雖未漏水若不即刻開艙搶米糧底既傷復經潮至水長必致船沉米濕是以趕緊會同坐段員弁傳齊經紀伕役乃通幫船戶將米搶護河岸隨即稟明海運總局旋據局員高令馳至二段驗明米色一律乾潔當換剝船趙永裝載逐一過斛並

無短少經卑職會同封艙汜印委員孫忠深封釘嚴密復經高令將
船戶穆與全原領水脚銀兩照數追出發給另換船戶趙永添雇水
手連夜飛挽趕幫北上其穆與全米石交清後亦由高令鎖帶回局
訊明究辦所有擱淺起米換船緣由理合具稟等情據此現據高雄
翰回局銷差並取具另換剝船戶趙永到通米色一律乾潔並無短
少甘結查剝船戶穆與全並不小心掌駕致船身受傷雖米無短少
究屬不慎現已鎖押在局聽候究辦理合具文詳明
王爺臺查核批示遵行為此備由具呈伏乞
照詳施行
咸豐七年四月十六日咨
欽差驗米王大臣

直隸候補天津道爲詳明事咸豐七年四月十四日蒙
王爺憲臺劄開准戶部咨薊遵豐易各州縣本年供應
陵糈米石開列數目知照前來查撥給薊遵豐易米石歷屆成案均按江浙
輪流派撥上年易州漕白米石係在蘇省漕白糧內撥給薊遵豐漕
白米石在浙省漕白糧內撥給各在案所有易州本年應撥漕白粮
米應在於浙省派撥薊遵豐漕白糧米在於蘇省派撥合將白粮粳
米數目開單劄飭該局查照成案辦理可也計單一紙等因蒙此遵
查上年派撥易州白糧係由該州派令書吏來津領兑由津撥給民
船裝運派委妥員督同該州領書押至白溝河即由該州僱車轉運
賸空船隻仍令委員押回供用所需水脚即在南省解到海運經費
內給發其由天津上園水路運至白溝河復由白溝河陸運至易州
糧轉裝運折耗較多既非經紀承運豫交所有南省原備耗米應以

一半給與易州作為陸運折耗其餘一半耗米應同食米供給民剝船戶具領以昭平允陸運車價由該州查照向例辦理至奉撥薊糧係同交倉白粮一併起運赴通先由坐粮廳撥飭薊遵豐三州縣查照舊章赴通領兌以便剝船及早騰空回津接運後起漕粮詳明遵照辦理在案本年奉撥易薊米石事同一律自應循照舊章辦理擬合具文詳請

王爺查核飭遵為此備由具呈伏乞

照詳施行

咸豐七年四月十六日咨

欽差總米王大臣

直隸天津道候補道為詳覆事本月十六日奉
王爺憲台劄查鄭大源沙船漕米七百二十石七起剝船冊内僅起洪斛
米四百餘石因何不全行起卸著查明詳覆等因當即飭查兹據查
報起米委員候補縣丞吴詰綸禀稱查鄭太源沙船米石已于十五
日全行起卸因起兑第七起漕粮各沙船加斛兑收彼時起兑鄭太
源沙船洪斛米四百餘石已符七起之數即行圓契開行該船所餘
米石現擬歸入第八起開行等語據此理合詳覆
王爺憲台察核為此備由具呈伏乞
照詳施行

咸豐七年四月十七日咨

欽差駐津驗米王大臣

查運使銜督辦天津交米江蘇督糧道為報明事竊據江蘇運糧沙船瞿元利稟稱民黃燦明報稱裝運吳江縣白粮正米一千二百石隨同各耗並寄代貨物於三月初七日放洋三月十六日駛至蘇山西南外洋遇盜劫去正白米約五十餘石客布銀兩鋪盖衣服等件並擄去水手二名當經呈報榮成縣會同營汛堪驗給照來津報案到道據此當經督飭局員提驗榮成縣所給路照內敘與所報大略相同核其失事日期亦屬符合尚無逗留情事查汛該船寄代貨物銀兩被等件均被劫掠擄去舵水二名情形殊堪憫惻本道查海運沙船在洋向行駛歷係責成沿海各營水師鎮將帶兵在於所轄洋面嚴密巡防護送復由滬局雇備輪勇各船緝捕辦理不為不密今瞿元利船在蘇山洋面被盜劫掠并據稱風聞續後另有失事之船必須嚴飭實力巡緝防護庶保無虞除該船卸米完竣核實所短米數

若干由局另行查辦并先報明

山東撫院飭營赶走勦捕務靖盜踪外合行報明伏請

王爺查核俯賜飛咨

山東撫院嚴飭勦捕護運俾粮艘穩渡盜艇潛踪實為德便為此備

由伏乞

照案施行

咸豐七年四月十七日咨

欽差駐津驗米王大臣

户部為咨行事雲南司案呈准直隸總督咨稱准部咨暨直隸省上
年捐輸米石前據該督奏報偶捐粟米一萬七千餘石經本部行催
該督以後續收捐米若干現在共存若干及有無動用並將前項捐
輸米石囤儲何處詳細聲覆仍將現存米石先行飭委妥員儘數運
通以供支放等因伏查直省自奉文勸捐於團練案内初次奏報及
二次奏報捐輸軍糧業經飭令同省城續捐尚未入奏米石一律運
赴天津北倉囤儲除撥赴景州留支防兵口糧動用米四千二百石
外實計已存天津北倉及應運交北倉米二萬四千石自應遵照部
咨儘數運交通倉以供支放惟此項運腳即不能出之捐生又不能
官為賠墊執此庫款支絀又未便另請開銷應請將此項捐輸米石
責成天津道於撥運江浙兩省漕糧時搭運通倉每船多運漕米一
二十石每運即可搭運捐米一二千石核計一二十運即可完竣既

無須另派委員又可節省經費至此項捐輸米石係捐生零星湊交
米色未能一律應請咨明倉場飭令坐糧廳查照據米驗收并請札
飭通永道幫同照料兑收交以期迅速再直省自奉文捐輸米石以
來共原續捐米五萬餘石内除已交倉外其未交倉米石現已委員
催交倉後另行請奬等情除札飭天津道妥籌搭運並札通永道幫
同照料兑交暨咨倉場總督轉飭驗收外相應咨部查照等因前來
查直隸省捐輸米石據該督咨報共捐米五萬餘石除留支防兵口
粮米四千二百石現存北倉捐輸米二萬四千石請責成天津道於
撥運江浙兩省漕粮時按船搭運未交米石現已委員催交等語相
應札行天津道將存儲北倉捐輸米石於剥運江浙海運漕粮船内
妥為分派搭運赴通其未交石仍咨直隸總督嚴飭委員迅速如數
催交齊全運赴天津随同本年剥運新粮一併分船搭運以省經費

並咨倉場侍郎將前項米石撥運到通即行轉飭

稍遲延並知照驗米王大臣可也

咸豐柒年肆月貳拾壹日咨

欽差驗米王大臣

候補府直隸易州為申報起程日期事咸豐七年四月十三日蒙
憲劄內開查薊遵豐易各州縣應需
陵糈白粮粳米易州應在津截撥薊遵豐應在通截撥並由直隸總督將米
数開列知照戶部駐通倉場轉咨津糧撥運各在案本年海運米數
無幾現在抵津之米已及十餘萬石不日即可蕆事所有薊遵豐易
各州縣應領米石自應赶緊撥運合亟飛劄易州迅速遴派丁書赴
津領兑毋稍遲誤並將丁書起程日期先行飛報切切特劄等因蒙
此遵查卑州本年應截收
陵糈平上白米九百九十八石四斗二升一合三勺平次白米一百八十四
石七斗一升九合三勺平江米一百四十二石二斗一升六合八勺
平粳米四千三百零五石四斗五升三合九勺遵於四月二十日派
令丁書赴津領兑擬合將起程日期具文申報

憲臺查核將前項米石係在於何省米内撥給迅賜指飭領兑以免

虧延實爲公便爲此備由具詳伏乞

照驗施行

咸豐七年四月二十二日咨

欽差驗米王大臣

戶部為知照事雲南司案呈准江蘇巡撫趙 咨稱蘇省辦理海
運所提各屬經費即係給幫津貼本係由外支銷之款歷屆向不造
冊報部核銷及舊章本無擬送驗米大臣及隨帶司員薪水之事援
照浙省海運用過南北經費毋庸造冊報銷咨覆前來 查浙省南
北用過經費銀兩前據浙江巡撫咨報免其造冊報銷業經本部核
覆准行在案今江省事同一律自應准如所咨免其造報以歸畫一
而符成案相應咨覆江蘇巡撫並劄行江蘇藩司糧道查照暨抄錄
原文飛咨駐津驗米王大臣查照可也

計單

為會詳請咨事據蘇州布政使何俊蘇松督糧道書齡會詳稱案奉
兵部火票遞到
戶部札開雲南司案呈准浙江巡撫何 咨據

海運省局詳稱切查上屆海運奏准
欽差駐津驗米大臣咨開本部堂及隨帶司員在津日用火食均係自行
預備毋須江浙兩省及地方官支給等因伏思
欽憲奉
旨赴津驗收米石於海船到津時均即親駐天津督辦核計時日總有數
日之久所需薪水浩繁亟應籌款呈送以濟支用今本司道等會同
商酌擬請即於海運經費內酌數動支呈送
欽差驗米大臣每日薪水銀四兩隨帶司員每員薪水銀一兩五錢以
欽憲抵津之日起回京之日止所需銀兩即同津通用款解赴天津由津
局分別呈送按日核銷相應詳請咨部查照暨移知漕運兩江總督
江蘇巡撫等情除分咨外相應咨明等因前來查歷屆江浙海運並
無供給天津驗米大臣及隨帶司員薪水之案上年天津驗米大臣

咨令江浙督撫毋庸預備係防該省局員藉詞浮冒致糜經費起見何以浙江巡撫竟據局員所請酌定数目查該二省漕粮改由海運一切經費准以河運之費開銷原因京倉緊要時事又值艱難欲求裕漕仍須卹民是以奏奉

諭旨從寬核辦如果海運經費用有盈餘仍當查明確数報部撥用方為核實辦公之道何得以向不支給之款濫行呈送除驗米大臣及隨帶司員仍應照案自備資斧毋庸該省預備外其各該局員薪水應令核實酌減浙江自咸豐三年始蘇省自咸豐五年始用過經費一併造冊報部核銷所有節省盈餘銀兩報部候撥勿得任意浪費相應飛咨兩江總督漕運總督浙江江蘇各巡撫飛札浙江江蘇藩司粮道一体遵照辦理並知照天津驗米大臣查照可也等因並奉札准部咨轉行各到司奉此本司道等伏查蘇省辦理海運所提各屬

經費即係河運給帮津貼本係由外支銷之款歷届向不造册報部
核銷迨咸豐五年海運四年分漕白粮米案大部
奏准江省仿照浙省成案以河運經費開銷等因業經移行遵照在案
茲奉札准浙江撫院咨會以浙省三四兩年海運用款業經動用河
運經費奏報其給丁帮費本係州縣津貼之款從未報部有案近年
漕務疲累酌提帮費每多籌解不前而諸事又須提前赶辦每届冬
盡春初先須由省局籌墊有定款者核實計數發交各局撙節支用
其餘定章所未議及臨時必須籌辦者如籌備米石收買餘米並間
有在洋失事例應豁免由局賠補足額等項凡此款外支銷均難預
定報完撤局遲早不同兩省雜用攤成不一皆隨時籌款濟用其前
漕兌竣綜核用項頻年不敷委無盈餘銀兩可以報撥三年試行之
初畢經

奏准在案應請循案邀免造冊報銷以符舊章咨覆戶部等因並准漕
江省局抄詳移會前來復查蘇省辦理咸豐五年海運遵照
奏准之案即將河運經費作為海運開銷不載銀兩仍於給幫津貼內
儘數提用其歷屆津通支用交米剩價經雜各費應於幫費內撥辦
者歷奉直隸督院
奏明並非解部之款歸入南省彙核循案免其報銷飭令天津縣造冊
咨蘇核銷並奏
奏明請免報部以後悉照舊章本無擬送交米大臣及隨帶司員薪水
之事其在南各局支銷一切用項及挑挖運漕支河夫工蘆漕船價
兵勇口糧等款均係預籌墊辦亦照浙省分別有定無定隨時核實
撙節支用並無浮多其給丁幫費出於州縣津貼從未報部有案今
浙省海運用過南北經費既奉行准浙江撫院咨部邀免造報則蘇

省事同一律自可循照辦理毋庸造册報銷以歸畫一而符成案相
應具文會詳伏候咨覆户部查照等情到本部院據此相應咨達為
此合咨

貴部請煩查照施行

咸豐七年四月二十二日咨

欽差驗米王大臣

欽差兵部正堂全
倉場部堂李 為欽奉事本部堂於本月二十五日具奏剝船抵通
開斛日期並辦理章程各一摺均奉
旨知道了欽此相應抄錄原奏恭錄
諭旨咨呈
貴王大臣查照可也
計單
奏為驗收抵通米石辦理章程恭摺奏祈
聖鑒事竊查海運米石抵津米質雖有不同均係一律乾潔惟一經撥運
或沿途偷漏或乘間使水遂不免霉變虧短等弊臣等查戶部奏定
章程撥船起運赴通如有潮濕短少與原驗米樣不符由經紀擎獲
責令撥船獨賠治撥船有應得之罪若經紀並未查出或通同舞弊
分肥責令經紀撥船各半分賠各治以應得之罪其並無舞弊實而米

石交不足數者亦令各半分賠此後由壩通橋交倉如有潮濕短少
均惟經紀車戶是問如此各清界限立法本極周詳歷屆海運遵照
辦理在案臣等此次驗收抵通米石自應遵照奏定章程及海運成
案辦理惟查天津撥船每起百隻押運員弁僅止二員窃恐稽查難
期周密臣等抵通後復揀派佐貳六員分班前往迎催稽查揭封偷
漏等弊並於沿河一帶分段專派委員訪拿需索撥船土棍及查訪
同漕寄囤盜賣等弊至撥船抵壩後臣等即督同隨帶司員及駐通
坐糧廳監督等逐船逐艙查驗斛收如無開動艙門拆損印花潮濕
虧短等弊即令隨驗隨起隨運不准片刻停留以防撥船經紀手已
驗未起之米乘間舞弊惟驗卸時監視斛收最關緊要查抵通撥船
每起百隻臣等公同商酌添派委員十員以一員承管十船眼同經
紀斛手人等認真斛收如有風涼濕米追賠虧短等事即責成承管

之員經理仍飭隨帶司員等於起米處所不時往來稽查抽驗舉劾
並取具由垻運橋之承運經紀米色乾潔米數無虧切結以昭慎密
至石垻號房一帶係寄囤已收未運之米由當嚴密防範已責成該
州判等實力巡邏並令隨帶司員親往該處將空閒房屋全行封鎖
以免斛手扛夫人等在彼潛踪舞弊至由垻運橋共分四閘計水程
四十里亦仿照天津派員分段巡查每閘派委一員同管閘各官無
分晝夜梭巡于撥船入閘出閘時刻挨閘呈報以免稽延復于理河
未上截以前將米樣封送大通橋抽查御史查對並移會該御史等
于理河一帶往來嚴查如有偷漏攙和使水等弊與驗米樣不符即
令承運經紀賠補並治以應得之罪其由橋運倉日等已嚴飭大通
橋監督寔力督催車戶迅速轉運不准積壓號房致滋弊端仍令各
倉監督認真收受按日將驗收數目呈報如有逾額者即令車戶照

數賠補以重倉儲臣等仍恐各該委員等不肯寔稽查復面加曉諭
如能查出弊竇即記功一次倘别經發覺該員等並未稟明有案即
行從嚴參處以杜因循再通州員弁無多不敷委派臣等已咨順天
府府尹直隸總督派員來通現已足敷差委所有臣等驗收抵通米
石辦理情形理合恭摺具
奏伏乞
皇上聖鑒謹
奏
奏爲海運米石抵通謹將開斛日期及驗收數目恭摺奏祈
聖鑒事竊臣等欽奉
上諭會同辦理通州驗收米石事宜臣全　跪聆
聖訓後於四月初九日率同隨帶司員馳赴通州當即會同臣李　將慶

辦事件次第妥籌辦理嗣於四月十七日將第一起撥運漕糧官撥
船一百隻撥運白糧民撥船三十三隻派員催抵通壩臣等即於十
八日恭祀
河神率同隨帶司員及坐糧廳監督等親赴河干逐船逐艙查驗米色
雖參差不齊均屬一律乾潔其因封釘嚴密蒸成氣頭及發熱之米
飭令逐艙簸揚下地風晾乾潔再行復驗斛收偶有短少即令撥船
將食米湊補足數臣等復查本屆南糧無多一切驗收轉運事宜尤
應恪遵
聖訓於查照成案之中隨時力加整頓現飭通永道錫祉及坐糧廳監督
等一律嚴密辦理臣等等仍率同隨帶員不時認真訪查務期有弊
必除有犯必懲計自四月十八日開斛驗收截至二十日止已驗過
第一起至第三起共官民撥船四百另五只共漕白米八萬七百餘

後撥船已據報按日開行並據直隸總局呈報進口沙船截至四月十八日止共到一百六十四只計裝漕白米二十一萬餘石此後自尾邊行源源而至可期及早起卸以實倉儲謹將海運米石抵壩開斛日期及驗收數目恭摺具

奏伏乞

皇上聖鑒再通州一帶連次得雨深透麥收可期豐稔地方安靜合併聲

明謹

奏

咸豐七年四月二十五日咨

欽差驗米王大臣

鹽運使銜直隸通永道為詳覆事咸豐七年四月初七日蒙
王爺忠堂劉開為劄行照得經紀剝船業經本爵部堂劉切出示曉諭毋許
稍滋弊竇乃訪聞津次卸米有包個賣籌名目剝船受載有領拆掛
號等費迨剝船行抵通州押差等費不一而足而經紀之費所尤甚
其經紀運米到橋船頭單房等項在在均須花費錢文如果屬實於
務大有關礙除津次各項使費劄行天津道查辦外合將通壩及閘
橋使費名目錢數開單劄知通永道派委妥員嚴密訪查務得確情
詳覆核辦毋得稍事徇隱含混稟覆切切特劄計粘單一紙等因蒙
此職 道遵即札委通州知州高錫康訪查稟辦去後茲據該牧詳稱
遵即會同嚴密防查得糧船抵壩裡河葫蘆頭普濟閘平下閘平上
閘慶豐閘大通橋等處有船頭端丁燈房單房招丁抗頭攬手縫袋
等項使費名目不一錢數多寡不同卑職 等查漕糧抵壩絲毫不准

勒索現既查有名目自應撤底根究明白以奬；隨復加訪查前項
費用係在該經紀等應領個兒銀內撥給係辦公必不可省之款並
非額外需索咸豐四年間奉
欽差文 查辦核准有案卑職等訪查有瑞俔隨不動聲色復將軍粮經
紀李兆森等換到案逐細查詢供與所訪相同並據該經紀李兆森
宋育田高鳳鳴李占元宛習武高福明蕭雲江澄李鳳山等結稱依
奉結得奉查裡河各項花銷寔係辦公正用懇恩查照斷能裁減事
竊役等起運米石由葫蘆頭上載起浮閘至大通橋每載未共用夫
役人工飯食錢十六千一百七十四文係由應領個兒銀內撥給另
有清單呈案此項錢文自咸豐四年蒙
欽憲文 查辦核准寔係辦公之用並非伊等額外勒索所具甘結是寔
等情據此現在卑職等將各項使費應在於該經紀應領個兒銀內

撥給之數分别款目錢數開摺呈送此外委無另有需索情弊除仍
隨時認真訪查有犯即行拏究詳辦外擬蒙前擬合開具款目錢摺
具文申覆查核等情據此除仍飭令隨時認真訪查有犯即行拏究
詳辦外擬合開具款目錢數清摺具文詳覆
王爺
憲台查核爲此備由具呈伏乞
照詳施行
清摺
今將裡合轉運米載自葫蘆頭至大通橋應給各處紙筆飯食錢文
開後
計開
葫蘆頭
船頭錢九百文

普濟閘
船頭錢九百文
灯房錢三百文
平下閘
船頭錢九百文
灯房錢三百文
平上閘
船頭錢九百文
灯房錢三百文
慶豐閘
船頭錢九百文
灯房錢三百文

瑞丁錢一百二十文 即托腰
单房錢二百九十四文
端丁錢一百二十文
单房錢二百九十四文
端丁錢一百二十文
单房錢二百九十四文
端丁錢一百二十文
单房錢三百一十二文

大通橋
後科錢八百五十六文大通橋各科書役飯食紙筆等錢
過河船頭錢五百文
扛頭錢七十文
灯房錢一百七十文
端丁錢一百二十文
活錢三百四十文
補丁線燭錢二千文
攢闢錢一千文係五間
共用京錢一十六千一百七十四文
咸豐七年四月二十五日咨
欽差驗米王大臣

三官廟錢三百六十四文廟內燈油燭香資打醮等錢
招丁五百百文
攪手活錢八十文
零用錢三百文供役灯籠蠟燭茶水錢
扛頭屋錢二百文
補底子錢六百文
縫袋工盤川錢二千文

欽差兵部正堂仝
倉場部堂李　為咨呈事前因頭起剝船虧短米石當諭該坐壩委員及押運員弁按照經紀剝船分賠成案迅速追繳並令通州知州將虧短五石以上之船戶及押運之經紀代役先行枷號其餘短米各船戶仍派委役看管並札飭該委員等迅速照案分別追賠各在案現在雖據陸續完繳而所短之米仍復不少且未據該委員等將如何分賠之處詳細聲明殊屬遲延相應札飭通州知州高錫康前昌平州知州鄧錫恩會同該坐壩及押運各員查照戶部奏定章程剝船有潮濕短少由經紀拏獲責令剝船獨賠治剝船以應得之罪若經紀並未查出或通同舞弊分肥責令經紀剝船各半分賠各治以應得之罪其並無弊竇而米石不足數者亦令各半分賠之案迅速追賠並令該收等將剝船因何潮濕短少情弊及經紀代役等有舞通同舞弊嚴訊確供詳報行轅以憑核辦毋稍徇隱寬縱並咨呈

貴王大臣查照可也

咸豐七年四月二十八日咨

欽差驗米王大臣

鹽運使銜督辦天津交米江蘇督糧道為報明事據江蘇運糧沙
沈萬泰耆民沈慶揚報稱裝運婁縣白糧一千石同經耗等米並寄
帶貨物於三月初七日放洋三月十八日駛至山東打魚島迤南外
洋遇盜劫去白糧約十餘石布物銀兩舖蓋衣服等件並擄去舵工
一名當報榮成縣會營堪驗屬實給照來津又據趙隆泰沙船耆民
黃臣賓報稱裝運上海縣白糧一千石同經耗併米並裝帶貨物寶
銀於三月十一日放洋二十一日行至山東蘇山西南外洋遇盜劫
去白糧約五十餘石寶銀七錠並布套箱鋪蓋衣服又擄去舵工倪
紹堂一名當報榮成縣會營勘驗屬實給照來津各等情到道據此
當即督飭局員提訊各該耆民據供被劫糧米銀物擄去舵工各情
悉與榮成縣所給印照相同核其放洋失事日期尚無逗遛情事察
其情形均頗苦累殊堪憫惻本道查海運沙船在洋行駛歷係責成

沿海各營水師鎮將帶兵在於所轄洋面實力巡防護送定章本極
嚴密前莊合順等船在東省洋面被刦業經呈請飭緝今沈萬泰趙
隆泰二船又各在蘇山洋西連被盜刼若不嚴飭認真緝捕務獲究
辦何以護漕行而清洋面除俟各船卸米完竣核實所短米數由局
另行查辦並呈報
山東撫 兩浙鹺 江蘇撫憲暨移蘇藩司外合行報明伏請
王爺電核俯賜飛咨
山東撫院嚴飭勒限上緊勒捕務獲懲辦實為德便為此備由伏乞
照票施行
咸豐七年四月二十九日咨
欽差駐津驗米王大臣

户部爲欽奉事雲南司案呈内閣抄出浙江巡撫晏　奏浙省本年
海運船全數兑竣放洋一摺於咸豐七年三月二十九日奉
硃批知道了欽此欽遵於本月初一日抄出到部初三日由廳發司前來
相應恭錄
硃批抄録原奏行文駐津驗米王大臣總照可也

清摺

浙江巡撫臣晏端書跪
奏爲本年海運漕船全數兑竣放洋恭摺奏祈
聖鑒事竊照浙省本届海運漕白二粮並籌備餘米共二十五萬三千五
百八十六石七斗一升七合九勺分作四批起運本年正月二十六
二月二十等日期二兩批兑竣開行均經臣恭具摺片由驛馳
奏所有三批米石接續兑開今第四批之米亦于三月十八日兑竣放

洋先後共裝寄船沙船一百六十五隻由省局司道轉據滬局委員
丁嘉葆具詳請
奏前來除飛咨直隸山東江蘇各省各督撫臣轉飭水師沿途接護並
分別咨呈
欽差驗米王大臣倉場侍郎暨行知糧道王友端津局委員麟趾等查照
外到下南風司令旬日間即可全抵津門足以仰慰
宸廑所有本年海運漕船全數兌竣放洋緣由謹繕摺附奏聯具
奏伏乞
皇上聖鑒謹
奏
咸豐七年五月初一日咨
欽差駐津驗米王大臣

戶部為咨送事雲南司案呈准駐津驗米王大臣咨查易州

陵精米石內平粳米一項前據戶部咨報統共平粳米四千三百零五石四斗五升三合九勺現查直隸總督所報之數係四千二百六十五石四斗五升三合九勺計戶部所報米數多米四十石係屬何處錯誤咨部查明咨覆以便撥給等因前來查易州應撥

陵精米石按照直隸報部文內米數核算平粳米實係四千三百零五石四斗五升三合九勺並無錯誤其該督所報駐津驗米王大臣米數如何少米四十石之處本部無憑查核相應飛咨直隸總督剋即轉飭查明係屬何處錯誤徑行飛咨駐津驗米王大臣如數撥給並將如何舛錯之處報部查核仍飛咨駐津驗米王大臣可也

咸豐七年五月初一日咨

欽差駐津驗米王大臣

直隸候補道天津道為詳覆事咸豐柒年肆月貳拾玖日蒙
王爺憲臺劄開前經訪聞津次卸米有色個賣寔等弊剝船挂號受戴領
旗封戧記印在在均有使費劄飭嚴密訪查如有前項弊端詳報究
辦在案迄今日久未據詳覆應再劄行天津道遵照前劄嚴密訪查
據實詳覆嚴行禁止仍一面密派妥員隨時稽察有犯必懲以除弊
竇而肅運務切切實劄等因蒙此遵查前奉劄飭當經嚴密訪查
出示禁止一面密飭局員並天津縣及稽查彈壓剝船各員弁留心
訪察如有前項弊端立即稟候詳辦毋稍徇縱職道等每於接見各
項員弁時必諄諄告戒囑其有犯必獲毋貽自戚迄今並無訪有前
項索費之事即詰之剝船戶亦僉稱委無各項花消惟訪查者或因
日久生懈玩法者難免故智復明不可不密為訪查除諄飭該員等
明查暗訪有犯必獲職道等自行隨時稽察以肅運務外緣奉前因

擬合先行詳復
王爺
憲臺查核為此備由另冊具呈伏乞
照詳施行
咸豐七年五月初二日咨
欽差驗米王大臣

欽差兵部正堂全　為咨覆事准
欽差倉場部堂李
和碩鄭親王咨稱查剝船抵通米石虧短如係偷漏使水所致應照
分賠獨賠之案辦理其並無弊竇而米石交不足數亦應照道光二
十八年奏准成案責令經紀剝船分賠前經行知在案茲據壩委
員稟稱第一起剝船短交米一百九十五石二起剝船短交米八十
五石三起剝船短交米六十六石押令赶緊補足此項米石究竟因
何短少有無剝船舞弊情事經紀曾否稟明賠補米石是否照案分別
分賠獨賠等因查剝船虧短米石前准
貴王大臣咨稱查照道光二十八年戶部奏定成案責成經紀剝船
分別賠補當經咨覆在案咨據
貴王咨稱據壩委員稟稱第一起剝船短米一百九十五石二起
短米八十五石三起短米六十六石押令赶緊補足此項米石究竟

因何短少有無剝船舞弊情事經紀曾否稟明賠補米石是否照案
分別分賠獨賠等語本部查頭二三起米石米石有灰印模糊而米
粒乾潔並無虧短者有封印未動而米粒實係潮濕風晾後始行虧
短者亦有封印完好米亦乾潔而虧短多至十餘石者畢竟係潮濕
之米當即飭令風晾乾潔再行斛收所短米石即飭令該員員查照
經紀剝船分別賠補成案迅速追賠並令通州知府將虧短五石以
上之剝船戶及押運之經紀代役先行枷號仍令該知州及各該委
員等將剝船因何潮濕短少及經紀代役等有無通同舞弊情事嚴
訊確供詳報並知照
貴王大臣各在案茲准
貴王咨詢除札飭通州知州及該委員等迅將所訊確供具詳再行
咨覆外相應先將辦理緣由咨呈

欽差和碩鄭親王查照可也

咸豐七年五月初四日咨

欽差駐津驗米王大臣

直隸總督譚　為咨覆事查准
欽差和碩鄭親王　咨開准户部咨直隸存儲北倉捐輸米石飭行天津
道于剥運江浙海運漕粮船内分派搭運赴通其耗交米石迅速催
各一併搭運查剥船剥運漕粮按艙封釘若令搭運捐米即不能隨
時封釘彼此照料寔恐难周碍难如數搭運所有前項捐米如何轉
運赴通應由户部另行核辦咨行查照等因到本署督部堂准此查
此項捐米已撥天津道以隨同漕粮搭運諸多窒碍擬請專運赴通
詳經批撥捐輸局司道核議應准專運所需運脚銀两先在天津道
庫上年海税盈餘銀内動支等情詳覆復經咨部並批飭移道遵
辦在案茲准前因除行捐輸局司道知照外相應咨呈為此咨呈
欽差和碩鄭親王謹請查照施行
咸豐七年五月初四日咨

欽差駐津驗米王大臣

戶部為咨行事雲南司案呈准
欽差驗米王大臣咨稱查沙船餘米歷屆海運均照案捐辦現擬查照天
津捐米章程凡捐寔在官階者照籌餉事例銀數每百兩統減四成
加級紀錄升銜
封典並捐免試俸歷俸統減四成遞減二成監生按原減八十八兩之數
遞減二成合銀七十一兩從九未入按例定銀數先減二成再減二
成合銀五十二兩以京錢三千作銀一兩仍按米數核計現在辦理
海運員役齋膳薪水應仍照案酌裁每捐漕糧一石連耗米四升水
脚銀一錢作價京錢十三吊四百四十文白糧一石連耗米水脚作
價京錢十五吊四百四十文至花翎藍翎上屆辦理海運餘米係照
戶部奏定核減銀數統減三成此次捐辦餘米既照章統減四成
自應查照戶部奏定核計京外各官報捐翎枝銀數統數四成辦理

以昭畫一相應咨部查照立案並札候補道許誦恒天津道英毓並
蘇糧道書齡浙江糧道王文韶妥籌酌辦其收呈核捐事宜即派清
河縣知縣署楊村通判高維翰武强縣知縣陳宝認真辦理等因前
來查捐辦海運餘米既據咨稱查照天津捐米章程凡捐足在官階
照籌餉事例銀數每百兩統減四成加級紀錄升銜
封典並捐免試用歷俸統減四成遞減二成監生按原減之數遞減二成
合銀七十一兩從九未入按例定銀數先減二成再減二成合銀五
十二兩以京錢三吊作銀一兩仍按米數核計至花翎藍翎應查照
奏定核減京外各官振捐翎枝銀數統減四成辦理等語本部查與
天津現辦捐米章程相符自應准如所咨如有振捐翎枝者統減四
成照章辦理以歸畫一相應咨呈
欽差驗米王大臣查照可也

咸豐七年五月初四日奉

欽差驗米王大臣

管理戶部坐糧廳刑部山西清吏司郎中覺羅續慶

呈為呈報事竊照本年浙江省海運白糧內撥運易州白糧平米壹千壹百捌拾叁石壹斗肆升陸勺現已派定沙船戶萬長源名下兌交撥運易州白糯平米壹百肆拾貳石貳斗壹升陸合捌勺現據浙江糧道兩稱在於江蘇省沙船戶彭壽福名下兌交一俟浙省白糧沙船道次再行撥運除移咨轉飭易州丁書來津領運外理合報明

請祈

鑒核為此備由具呈乞乞

照驗施行

咸豐七年五月初五日咨

欽差驗米王大臣

管理部辦戶部坐糧廳吏部稽察清吏司員外郎張積 裕豐倉監督文陞 大通橋監督祝如瀛

呈爲呈報事蒙

欽差兵部正堂全
倉場部堂李 扎開飭將舊存之袋可以縫紉及半截舊袋迅速縫
紉細密並將數目刻即呈覆等因蒙此經職廳等行飭石壩委官嚴
督經紀將廠存舊袋認真逐細挑選迅速縫補以供轉運嗣據該委
官呈報挑選縫補舊袋共計貳萬條業已飭令經紀加緊縫紉細密
按數收齊存廠等情據此除據情呈覆駐通

欽憲
倉憲查核外理合具文呈報請祈
王爺鑒核爲此備由具呈伏乞
照驗施行

咸豐七年五月初六日咨

欽差驗米王大臣

戶部為咨覆事雲南司案呈准
欽差驗米王大臣咨准部咨准直隸總督咨稱直省捐米除撥赴景州由
支防兵口糧動用米四千二百石外實計已存天津北倉及應運交
北倉米二萬四千石應請責成天津道於撥運江浙兩省漕糧時搭
運通倉每船多運米一二十石每運即可搭運捐米一二千石核一
二十運即可完竣未交米石委員催交等因查剝船剝運漕糧在次
受兌後即行按艙封釘並無空閒之艙可以搭裝捐米兼之上圍水
次距北倉三十餘里之遙若令搭裝捐米即不能隨時封釘彼此照
料實恐難周且現在江浙漕糧已有七起赴通八起剝船即日亦可
開行在後米石不過五起礙難如數搭運所有前項捐輸米石如何
轉運赴通之處應由戶部另行核辦相應咨部查照等因前來查前
項存儲捐輸米石據

欽差驗米王大臣咨稱剝船並無空間之艙礙難搭運由部另行核辦等
因相應飛咨直隸總督轉飭天津道將存儲北倉捐輸米石應如何
設法剝運赴通之處迅速籌辦仍將作何辦法可以節省經費先行
報部以憑查核萬勿稍延仍咨呈
欽差驗米王大臣可也

咸豐七年五月初七日咨

欽差驗米王大臣

直隸總督譚　為飛咨事咸豐七年五月初一日准
戶部咨開雲南司案呈准駐津驗米王大臣咨查易州
陵稭米石內平粳米一項前據戶部咨報統共平粳米四千三百零五石四
斗五升三合九勺現查直隸總督所報之數係四千二百六十五石
四斗五升三合九勺計戶部所報米數多米四十石係於何處錯誤
咨部查明咨覆以便撥給等因前來查易州應撥
陵稭米石按照直督報部文內米數核算平粳米實係四千二百零五石四
斗五升三合九勺並無錯誤之該督所報駐津驗米王大臣米數如
何少米四十石之處本部無憑查核相應飛咨直隸總督刻即轉飭
查明係屬何處錯誤徑行飛咨駐津驗米王大臣如數撥給並將如
何舛錯之處報部查核仍飛咨駐津驗米王大臣可也等因到本署
督部堂准此查易州應撥

陵糈米石内平粳米一項前據藩司彙案查报核算統共平粳米四千三百
零五石四斗五升三合九勺當即咨部截撥嗣准
貴王大臣咨查應撥米數當將藩司原詳照錄咨送查照亦理覆于
四月十三日接准
戶部咨覆應撥前項米石准于海運米内照數撥給又經飛咨查照
辦理各在案今由部行查前因覆核前次咨部並
戶部覆准行知内平粳米一項以散核總均係四千三百零五石四
斗五升三合九勺與藩司原詳查报平粳米散數統核總數係屬
相符並無錯誤現既准
貴王大臣核計所报米数較部行之數少米四十石惟恐前次咨送
抄詳单内散數繕寫錯悞或有貼改未同之處沿途磨落致有不符
現在海運米石指日約可驗竣所有應撥前項並粳米石應請

貴王大臣查照部覆行知數目撥給以符原奏平糶米四千三百零五石四斗五升三合九勺之數以免歧誤遲延相應飛咨爲此咨呈

欽差和碩鄭親王謹請查照辦理施行

咸豐七年五月初七日咨

欽差驗米王大臣

管理戶部坐糧廳刑部山西清吏司郎中覺羅續慶

呈為呈送事蒙

欽憲札開昨日所傳經紀訊明赴通剝船虧短米石賠交緣由飭令該經紀等出具切結呈轅核辦乃該經紀等竟敢置若罔聞不及具結呈轅寔屬不成事體合亟劄飭坐糧廳限本日飭令該各經紀將在通交米賠米寔在情形出具切結詳轅核辦如稍遲延即將該經紀代役人等鎖交天津縣嚴行審訊確情取供詳轅懲辦仍將該廳摘去頂戴聽候參辦決不姑容等因蒙此職廳遵即取具該經紀甘結具文呈送請祈

鑒核為此備由具呈伏乞

照驗施行

咸豐七年五月初七日咨

欽差驗米王大臣

欽差兵部正堂全
倉場部堂李　為咨呈事前經本部堂以頭二三起剝船短米甚多
札令通州知州高錫康前昌平州鄧錫恩會同坐壩委員責令照章
賠補堂經咨呈在案今准
貴王大臣咨稱前項短交米石迅速該牧等責令剝船經紀照案賠
補經紀應賠之米責令自行買補其應給經紀耗米仍照前咨留抵
掣欠米石潮濕短少如訊明實係中途舞弊自應從嚴懲辦以儆其
餘至承運承交經紀是其專責前經飭令親身押運何以頭起押運
經紀至八段始行跟帮行走二起押運經紀至四段始行跟帮行走
三起押運經紀至三段始行跟帮行走一併飭令該牧等查明究辦
等因除札交鄧牧遵照秉公迅速究辦外相應先行呈覆
貴王大臣查照可也
咸豐七年五月初八日咨

欽差駐津驗米王大臣

欽差兵部正堂全
倉場部堂李　為欽奉事本部堂于本月初四日具奏續報海運抵
通米數一摺又奏會同驗收預東漕粮附片均奉
旨知道了欽此相應抄錄原奏附片恭錄
諭旨咨呈
貴王大臣查照可也

計摺

奏為續報海運南粮抵壩並驗收轉運米數恭摺奏祈
聖鑒事竊臣等奏
旨驗收海運米石業將由津抵通第一起至第三起驗收米數及辦理章
程於四月二十二日奏蒙
聖鑒在案旬日以來撥船陸續抵通截至五月初一日止第四起至第七
起共計官民撥船四百九十八隻合平斛漕米八萬七千石白米一

萬四千餘石二共漕白米十萬餘石臣等率同隨帶司員及坐糧廳
監督等親赴河干查驗每日或一百船及一百三四十船不等米色
較前尤多乾潔間有蒸熱潮濕即飭令風晾乾潔再行復驗斛收不
敢稍有遷就遇有短少除將撥船食米抵補外仍查照經紀撥船分
別賠補成案照數追繳臣等仍督飭隨帶司員等隨時親往抽驗嚴
斛務期密益加密毋任稍滋弊端統計連前共官民撥船九百零三
隻平斛漕白米十八萬四千餘石約計本年江浙兩省起運漕糧抵
通者已有十分之五至由壩運橋運倉臣等仍督飭大通橋及各倉
監督隨到隨運隨驗隨收不准片刻停留致有偷漏攙和等弊現據
直隸總局呈報八九起撥船業經開行截至四月十八日止共有進
口沙船一百九十四共計漕米二十五萬八千餘石目下正當南風
司令自必銜尾而來臣等督催轉運亦可迅速蕆事以期早達

天恩仰懇
宸廑所有續粮海運抵通米数理合恭摺具
奏伏乞
皇上聖鑒謹
奏
再上年預省漕粮到壩適值驗收海運南粮當經奏請按其到壩先
後一律會同驗收本年預東二省漕粮均已起運現據天津道詳報
山東前帮漕船已于四月二十四日挽過天津關不日即可抵壩河
南粮艘計日亦可連檣北上惟正值海運撥船銜尾而至之時旗丁
船戶夫役衆多必須稽查周密以杜弊端臣等和衷商酌擬仍照上
年成案率同隨帶司員及坐粮廳監督等無論河運海運均按其到
壩先後一律會同驗收趕緊起卸不許片刻稽延庶船隻無虞壅滯

向稽查亦可期蕆密矣所有籌商辦驗收預東漕糧緣由理合附片

陳明謹

奏

咸豐七年五月初八日咨

欽差駐津驗米王大臣

謹

奏為驗收海運南糧謹將辦理大概情形及到口船隻米數恭摺奏祈

聖鑒事竊奴才等於三月二十四日跪聆

聖訓後二十八日率同隨帶司員等起程由河路行走沿途察看水勢淺

深不一飭令各該汛弁實力挑挖俾利漕行四月初四日抵津維時

江浙糧道及南北各總局委員均已先後到齊據報抵次商船九隻

到口船三十五隻當即督飭司員及坐糧廳監督會同直隸江浙各

總局將水次查驗監收一切事宜趕緊籌辦並先期劄飭天津鎮道

督率員弁於沙船進口查收器械之時認真盤詰不容匪徒溷跡並

不准水手人等無故上岸閒遊滋事其沙船外雇水手未經列入護

照者照案飭令安置海口俟該船卸空回駛出口時再行飭令帶回

奴才等伏思京倉儲備兵糈攸關本屆南糧雖屬無幾而驗收剝運在

海運存稿

在均應慎重恭聆
聖訓以來敬謹遵循不敢稍存大意津通橋閘等處積弊本多歷屆辦理
海運業經力加整頓今復以訪查所及飭令天津道英毓通永道鍚
祉嚴密稽查認真究辦弊等仍隨時密派妥員明查暗訪總期有犯
必懲一律整肅初五日續報到口商船四十六隻飭令趕緊催提即
於初六日傳集耆民較量斛隻並親赴河干查看剝船初七日率同
隨帶司員坐糧廳及各該局員將抵次各船先行查驗米色老嫩不
一亦未能一律乾潔除氣頭艙底概令起除外其蒸熱之米而令各
該糧道督飭局員實力風晾應給該船二成免稅印單暫行扣存俟
覆驗後再為發給堪以免收之米一經查驗立即斛收並將免稅印
單當面發給該耆民等感戴
皇仁倍增歡忭至剝船剝價暨經紀應領飯米折色等銀由南省備帶盤

交坐糧廳天津道速起封固送呈 奴才等當堂驗看不假吏胥[illegible]手
剝船受載後飭令委員嚴密封訂仍令分段巡查各委員不分晝[illegible]
稽察艙封以杜中途偷漏使水等弊頭起剝船已於初九日開行[illegible]
計到口商船截至初八日止據大沽協呈報江蘇共船五十隻裝漕
白米六萬餘石浙江共船七十八隻裝漕白米十一萬餘石仰賴
聖主洪福風飆順利續到商船源源而來 奴才等催提到次隨驗隨收務
期迅速蔵事上慰
宸厪謹將辦理大概情形及到口船隻米數恭摺具
奏伏乞
皇上聖鑒再津郡地方商民均各安靜合併聲明謹
奏咸豐七年四月初九日奏初十日奉
硃批知道了欽此

謹

奏為江浙漕船在洋被劫恭摺奏

聞請

旨飭辦事竊據江蘇糧道書齡浙江糧道王友端詳稱據運糧沙船蔡金順報稱裝運新陽縣白糧正米一千石隨同各耗並帶各貨於三月十六日行至蘇山西南外洋遇盜劫去白糧米約四十餘包家包藍布舖蓋衣服等件並擄去耆民水手二名當經報明崇成縣勘明詳劫屬實給發路照又據沙船孫德隆報稱裝運金山縣漕糧一千零九十五石零隨同各耗並帶小貨於三月十九日行至蘇山迤東外洋遇盜劫去漕米三十餘石銀錢布尺衣服等件並擄去舵工一名當報崇成縣勘實給照又據耆民王顯鄉呈稱管駕盛裕泰商船裝浙江平湖縣漕米一千七百七十石零於三月十四日行至山東養鷹

島外洋猝遇盜船二隻持械過船刦去商本洋布食米及衣服等物
從將漕米拋入海中約計二百石當赴寧海州具呈蒙移福山縣查
查勘屬實又據耆民周贊昆呈稱受僱沈寶生商船裝浙江桐鄉縣
漕米一千二百石經耗剩食米一百二十八石零於三月十六日行
至山東蘇山西南外洋忽遇盜船一隻持械過船刦去經費庫銀二
千三百八十八兩商本洋布及衣服等件又擄去副耆民水手各一
名當赴榮成縣呈報會勘屬實奉給印照各等情詳請查辦前來奴才
等伏查南糧為
天庾正供顆粒不容短少應需經費係辦運要款應屬辦理海運均由南
省酌交各船攜帶是以戶部及各該督撫奏明責令沿海水師鎮將
遊護遞送本年復經奴才等以歷屆失事各船均在東北洋面石島
地方咨行沿海督撫嚴飭鎮將督率員弁實力巡防逐島搜捕[illegible]

盜踪潛匿俾米船行走迅速安穩抵津各在案詎水師鎮將[illegible]何
遵照奏咨各案督飭員弁加意嚴防認真勦捕以期洋面一律肅[illegible]
乃數日之間南來米船連次被劫該鎮將等並未實力增緝防範
可概見且江浙在後商船尚有一百餘隻似此海洋不靖實於運務
大有關係除奴才等飛咨山東巡撫嚴飭各該鎮將督率員弁實力
勦捕並令江浙兩省將所失銀米設法籌補外相應請
旨飭下山東巡撫嚴飭登州鎮總兵登萊青道督飭巡洋水師員弁迅速
親帶師船雇覓商艇擕帶兵勇出洋巡勦毋再鬆懈俾米船得以安
穩抵津是為至要所有此次失事地方員弁應令該撫查明參奏以
懲儆其失事各船贓賊務須嚴拏究辦並請
飭下兩江直隸各總督浙江江蘇各巡撫一體查照辦理護將漕艘被劫
緣由恭摺奏

聞伏乞
皇上聖鑒謹
奏請
旨咸豐七年四月十六日奏十七日奉
硃批另有旨欽此

謹
奏為續報海運沙船到口催撥挨次驗收剝運情形恭摺奏祈
聖鑒事竊 奴才等驗收海運漕糧業於本月初九日將辦理大概情形奏
聞在案時值南風令放洋各船連檣北上陸續到口攏大沽協副將呈報
截至十三日止江蘇米船連前共六十七隻裝漕白米七萬餘石浙
江米船連前共九十七隻裝漕白米十三萬餘石先後由 奴才等督
飭催撥一面將挨次各船督同隨帶司員及各該局員逐日查驗配
船剝運自初九日第一起開行後截至十五日止已有七起發通計
官民剝船九百零三隻裝米十八萬四千餘石挨起揣行不准稍有
停滯惟自津至通水程三百餘里雖經嚴飭分段委員晝夜巡查而
艙封稍有未周即難保無偷漏等弊 奴才等督飭封艙記明各員於
艙面押帶兩旁加釘竹篾逐艙封固仍按起詳加勘驗以期嚴查無

緊並面諭押運員弁跟幫前進認真查察毋許藉形鬆懈致滋弊端

其未經抵次沙船奴才等嚴飭催提趕緊查驗卸空船隻飭令退至

舊沽一帶候風出口免致海河擁擠至沙船應有餘米奴才等查照

成案飭令先行抵正兌收一面劄飭天津道等照天津現辦撥米章

程妥爲勸諭統俟正供完竣後再行覈計實餘米石照數撥辦總期

顆粒皆登

天庾以仰副

皇上籌備倉儲之至意所有續到船隻米數及辦理剝運情形理合聯銜具

奏伏乞

皇上聖鑒再津郡一帶於初十日得雨一次雖未十分深透而土脈滋潤

麥秋可期豐稔合併聲明謹

奏咸豐七年四月十六日奏十七日奉

硃批知道了欽此

謹
奏為海運沙船將次到齊恭摺奏
聞仰慰
聖懷事竊奴才等驗收海運南糧業於四月初九十六等日將辦理起運
情形先後奏報在案兩旬以來續據大沽協副將呈報進口沙船截
至本月初六日止江蘇連前共一百隻裝漕白米十一萬五千餘石
浙江連前共一百六十隻裝漕白米二十二萬二千餘石奴才等督
同隨帶司員及坐糧廳監督暨南北各局委員將抵次船隻認真查
驗遇有蒸熱之米即令出艙風晾並令各該司員妥為照料覆驗撥
始行斛收其蒸熱較甚而本質尚屬無傷以及紫老黑丁米石亦於
風晾後查照歷辦成案由坐糧廳包封米樣分別先運不堪之米即
以餘米易換計自四月初七日開斛起至五月初七日止共起過米

三十萬餘石陸續分起運通 奴才等於毋起剥船開行時嚴諭押運
員弁沿途實力查察遇有私揭艙封舞弊船户即行稟請懲治俾昭
慎重仍一面飭令天津鎮道飛飭未經抵次各船趕緊催趲以便及時
驗卸至該兩省起運米數按現在進口之米數算已有三十三萬七
千餘石當此南風司令未到之船僅止六隻諒可即日抵津迅速蕆
事所有該兩省沙船除華合順孫德隆盛裕泰沈寶生四船於蘇州
洋面被盜剥去銀米業經 奴才等據實奏
聞外其覆元利沈萬泰趙隆泰三船在洋遇盜失去貨物居多所失米石
計十餘石及五十餘石不等均由該局設法籌補並經 奴才等嚴飭
該糧道所詳咨行山東巡撫查明該失事地方水師員弁職名及該
鎮將等先行參奏並將贓賊務獲究辦以期洋面肅清此外各船 奴才
等於查驗米色時詢據該耆舵人等面稱行走外洋均屬一律

堪以仰紓

宸廑謹將海運沙船將次到齊緣由恭摺具

奏伏乞

皇上聖鑒再津郡一帶連次得雨深透麥秋可卜豐稔商民人等亦均[illegible]

常安靜合併陳明謹

奏咸豐七年五月初八日奏初九日奉

硃批知道了欽此

謹
奏為江蘇糧道關防委員暫行護理恭摺奏祈
聖鑒事竊據江蘇海運局員知府用候補同知李初圻轉據江蘇督糧道
家丁禀稱家主護運使銜蘇松督糧道嵩齡係廂黃旗滿洲德光佐
領下人奏委赴津督辦海運交米事宜於五月初八日在途次接到
家信署西安將軍薩迎阿於本年四月二十七日在任病故家主係
屬親子例應丁憂合將蘇糧道關防一顆遵例封固送呈轉報等情
除將關防謹敬收儲聽候截示外理合備情轉禀等因前來奴才等
查江蘇海運交倉漕白二糧並應交經紀耗米十一萬八千餘石該
道嵩齡在津未及兩月已交過米十萬九千餘石未交之米雖屬無
多而一切交兑及報完事宜尚未就緒該道現丁父憂自應派員護
理關防以昭慎重查該局總辦委員知府用江蘇候補同知李初圻

爾紅旗漢軍人在蘇多年曾經代理鎮江府知府咸豐五六兩年起
津辦理海運二次熟悉情形該省糧道關防堪以委令暫行護理俟
交米完竣後即由該員賚帶回蘇交代新任除劄飭遵照外理合恭
摺奏
聞伏乞
皇上聖鑒謹
奏咸豐七年五月初九日奏初十日奉
硃批知道了欽此

謹

奏為海運南糧驗收全完敬摺奏祈

聖鑒事竊查本年江浙二省海運漕白二糧暨商船耗米剩船食米以及

浙省籌備米石共計三十八萬三千三百九十六石三斗二合三勺

又蘇省搭運捐米一百三十石五斗六升雇募商船陸續放洋兆數

奴才等奉

命駐津辦理驗收一切事宜自抵津後督同在事各員將該次商船隨時

驗收剝運遇有應行風晾之米一經收拾乾潔亦即趕緊斛收兌剝

並將商船餘米及江蘇搭運之捐米照案先行撥正兌收蘇商漕海

二糧及浙省之漕糧均已全數收繳浙省白糧尚有未到尾數正耗

一千九百餘石經該糧道王友端收買該省及蘇省餘米並本地白

米先行照數籌補足額一併運通該省未到之在後尾船查據冊報

早經全抵放洋剩下者無抵口信息海洋風汛靡常能否即日妥穩抵津殊難預料該兩省漕白二糧正額既經全數兌竣各局員役人數衆多需用浩繁亟應分別裁撤免致虛靡經費并糧廳經紀人等亦應飭令回通趕辦通壩轉運事宜所有未到之尾船米石爲數無幾海中有無失事不通音信奴才等自未便在津株守以待應請責成天津道如尾船果能隨後抵津即令該道查照成案即作餘米妥爲驗收剝運統歸籌備項下覈算作抵來年正額仍將浙省之糯米撥歸本屆交倉原款以重倉儲奴才等復將兩省原報米數督飭隨帶司員詳加覈算除由滬支給商船耗米二萬九千一百三十五石二合三勺由津支給剝船食米四千十五石四斗七合七勺並浙省籌備米一千八百石不在正米之內另行覈算外統計江浙兩省漕白二糧並漕白項下應正交倉之經紀耗米共應收米三十

千一百六十五石八斗九升二合三勺除内津撥給易州漕[illegible]耗
米五千七百十九石二斗四升九合五勺計實在交倉米三十[illegible]
三千四百四十六石六斗四升二合八勺先後需用官民剥船[illegible]千
七百十九隻分起運通一律全完均賴立無虧又蘇省搭運捐米一
百三十石五斗六升亦飭該局撥歸原款搭運赴通以上米石併同
商耗等項米石計算覈與蘇省原報起運米十二萬九千八百九石
五斗八升四合七勺浙省原報起運米二十五萬三千五百八十六
石七斗一升七合六勺共三十八萬三千三百九十六石三斗二合
三勺並蘇省搭運捐米一百三十石五斗六升之數相符 奴才等伏
思京倉儲備兵糈攸關全賴南漕源源接濟上年江浙二省雨澤愆
期旱蝗成災徵收匪易該督撫等均能仰體
宸懷於措置維艱之際竭力經營督飭藩司糧道將應徵漕白二糧仍為

案由海運津分批放洋北上各該糧道先期由陸路赴津辦理交兌
事宜並將經費照案備帶津通應需各款撙節支用並無不敷該兩
省沙船雖有七船在洋被盜而所失米石無多當飭該糧道等如數
補足此外各船均屬一律安穩抵津是皆賴
聖主鴻福奴才等得以督率在事員弁一氣趕辦先後未及兩月兩省漕
糧均報全完欣幸之忱實無既極所有海運米石驗收完竣緣由理
合恭摺奏
聞仰慰
宸懷伏乞
皇上聖鑒再奴才等拜摺後即率同隨帶司員由水路起程回京恭覆
恩命謹
奏

再查歷屆成案海運漕糧抵津由南省備帶鐵斛與倉場鐵斛木斛眼同南北局員傳集耆舵公同較驗奴才等到津伊始即傳集耆舵人等當面較量此次江省所帶上海縣鐵斛核與倉場鐵斛每斛大一升一合詢據該糧道面稱所帶鐵斛內有剝落痕迹是以斛身較大等語當即飭令天津道照上海鐵斛製造木斛二隻以一隻存倉場衙門以一隻存天津道庫並令江浙兩局各製一隻賫帶回南與原頒該省鐵斛詳細較明於來歲新漕起運從帶赴天津較驗如有斛內餘米應作正交倉仍一面咨行江省督撫查明上海鐵斛如實係剝落即咨部銷燬另鑄本屆津交所用斛隻仍係以部頒倉場鐵斛較準兌收尚無歧異所有較量斛隻存案緣由理合附片陳明謹

奏

再奴才等於縣捐發據大沽協呈報蘇省尾船一隻現經抵口查蘇
省漕糧商經該局呈報計有餘米一千一百六十七石除抵補正供
外實餘米一百六十七石現到之船計米一千石應即歸入餘米原
款奴才等按照時值價收買捐辦交倉奴才端　報捐米六百石
奴才崇　報捐米五百六十七石應需耗米水腳一併備交天津遵
剝運赴通奴才等受
恩深重所捐米石為數無多均不敢仰邀
恩敘再奴才等復查商船餘米除浙江抵補正供外其餘米石奴才等業
經全數捐辦此外江浙兩省收買之氣頭米石經該糧道等嘖國局
員實力風晾擇其尚堪食用者蘇省計五十五石浙省計一百六十
五石共二百二十石由該糧道等稟請查驗交倉不作籌備計算
等當即驗看可以食用飭令晾乾經紀耗米剝船餘米[illegible]

項米石既非交倉正款亦不歸入籌備款內擬請留餘通倉[illegible]備荅
放看倉夫丁甲米之用於開放時報部查核理合附片陳明謹
奏咸豐七年五月二十六日奉
硃批另有旨欽此同日奉
上諭端華崇綸奏海運正漕及浙省籌備米石驗收全完一摺端華崇綸
著即回京此後抵津之尾船米石即著責成天津道認真驗收報部欽
此

謹

奏為江浙海運漕糧事竣謹將在事尤為出力各員擇照歷屆成案繕

摺奏懇

天恩分別獎勵仰祈

聖鑒事竊查道光六年二十八年及咸豐二三四五六等年海運事竣均

將尤為出力各員奏請獎勵在案本屆江浙二省起運米數雖屬減

少辦理一切倍宜認真以期詳慎周密其經紀剝船以及夫役人等

積習相沿易滋弊混雖經力加整頓仍須逐層防範庶可弊絕風清

奴才等抵津以來督飭隨帶司員及坐糧廳會同直隸江蘇浙江各

總局大小委員恭酌成規妥為籌辦所有辦理文案鉤稽銀米並查

驗米色監視斛收配給剝船彈壓水手以及海口稽查迎護導引並

逐起逐查分段催攢各有責成該員等無不竭誠盡力晝夜辛勤奉

及兩月全漕告竣奴才等在津目擊該員等始終罔懈均屬著有
微勞謹查照歷屆成案奏懇
恩施以昭激勸查天津道英毓實心任事才具明敏總理轉運一切事宜
悉臻妥協鹽運使銜丁憂江蘇糧道書齡辦理二次海運老成諳練
辦事精詳鹽運使銜浙江糧道王友端辦理六次海運精明練達爲
守兼優該道等督飭船水手寬嚴得當交兌米更極妥速洵屬
始終出力以上三員職分較大未敢擅擬優敘
恩出
聖裁其天津府知府以下各員及調津委員並營委將弁暨江浙兩省派
委赴津之文武各員奴才等認真考覈分别功過未便概照舊章保
獎除將不能得力員弁摘頂記過撤獎外餘均各按勞績咨明查核
兩江江蘇浙江各督撫臣奏請獎勵至奴才等隨帶司員户部郎中

成

辦理四次海運戶部郎中華　辦理二次海運均熟[illegible]漕[illegible]

情形辦理謹慎才守兼優隨同奴才等日赴河干查驗米色並晨[illegible]

一切文案公正無私始終其事派委查辦之件均能破除情面不避

嫌怨查成　係咸豐五年

京察保列一等人員可否仰懇

皇上天恩交軍機處記名以道府用　華　係上年海運保舉案內蒙

恩交軍機處記名遇有道員缺出請

旨簡放人員現准戶部咨稱奏保捐銅局出力人員一摺於本月十八日奉

上諭華日新著歸海運案內酌保欽此應遵照併案擬獎可否

賞加鹽運使銜之處出自

聖恩　正藍旗滿洲世襲三等子爵世管佐領委部務章京雙壽侍衛處筆

帖式伊勒通阿明白謹飭雖係初次辦理海運均能潔己奉公敬慎

辦事協同辦理一切悉臻妥善查雙壽升印務章京名次在前可否
候補授印務章後以副參領儘先升用伊勒通阿應升侍衛處本[illegible]
妥署主事名次在前未便越次保升實缺主事可否先換頂戴並[illegible]
部議敘均出自
皇上天恩至坐糧廳監督刑部郎中覺羅續慶老成謹飭在津辦理[illegible]
事宜尚無貽誤查該員上年通壩保舉案內奉
旨賞加知府銜此次可否仰懇
天恩賞加道銜以上各員均能認真襄辦奴才等伏思南糧海運大局攸
關必須深知利弊精益求精方能破除積習此次海運米數雖少頭[illegible]
辦理一切事宜較之歷屆海運倍形棘手各該員實心實力始終[illegible]
事毫無貽誤奴才等未便沒其勞勣理合擬案聲請可否准予獎勵
之處出自

皇上逾格
鴻慈謹繕摺具
奏請
旨
再直隸候補道許誦恒人亦謹飭經前督臣奏派來津襄辦運務諸
屬周詳可否請
旨以本省道員儘先補用護理天津鎮總兵保定營參將安尭清阿專司
稽查彈壓提重催空矢勤矢慎不辭勞瘁可否請
旨交部從優議叙 奴才等未敢擅便謹附片具
奏請
旨咸豐七年五月二十六日奉

硃批另有旨欽此同日奉
上諭端華崇綸奏海運漕糧驗收完竣請將在事出力各員分別獎勵一
摺本年江浙兩省起運糧米由海運通端華等督率司員坐糧廳在天
津查驗起剝現已一律全完辦理尚為妥速端華著交吏部從優議
敘崇綸著交戶部從優議敘其在事尤為出力之天津道英毓丁憂江蘇
糧道書齡浙江糧道王友端均著交部從優議敘戶部郎中咸琦著交
軍機處記名以道府用記名道戶部郎中華日新著賞加鹽運使銜世
襲佐領委印務章京雙壽著俟補授印務章京後以副參領儘先陞用
筆帖式伊勒通阿著先換主事頂戴並交部議敘坐糧廳監督知府銜刑部
郎中覺羅續慶著賞加道銜另片奏請將辦運出力之道員來將鼓勵
等語直隸候補道許誦恒著以本省道員儘先補用護理天津鎮總兵
岳克清阿著交部從優議敘欽此

為飛劄事本爵現在奉
命赴津驗收海運漕糧合行劄飭天津鎮道如探有沙船抵津信息迅即
具文飛報以便本爵率同隨帶司員定期起程並一面遞報戶部雲
南司查照毋得稍有遲誤特劄
二月二十九日劄

為劄行事查海運剝船由津運抵通州必須河水深通方能行走迅速周轉無誤本年江浙兩省漕白粮米即日均可絡繹抵津相應劄行通永道坐粮廳迅即丈量北運河水勢是否一律深通如有淤淺處所趕緊督同漕運通判及地方官督率淺夫逐段挑挖務期照例以水深二尺四寸為度不得稍有積淺淤塞致誤轉運仍將現在北運河水勢是否足資浮送先行具文申覆並劄知天津道查照切切

特劄

二月二十九日劄

為劄行事本年江浙兩省漕糧同辦海運不日均可絡繹抵津所有
通應需口袋車輛並裏河剝船均宜先期預備方能轉運無誤合亟
劄行坐糧廳大通橋監督迅即妥為預備不得稍有貽誤切速特劄

二月二十九日劄

為飛劄事本爵查歷屆漕糧海運均經該省揀派糧道酌帶委員由陸路先期赴津會同直隸委員籌辦交兌事宜本年江浙兩省漕白粮米仍由海運應劄行天津道一俟該兩省糧道委員到津速即具文申報以憑查核一面呈報戶部查照毋稍遲誤特劄

二月二十九日劄

為飛劄事查海運漕糧在津起卸總以剝船足數周轉為第一要務本年江浙兩省起運漕白正耗米石即日均可抵津應需剝船自宜早為預備方免臨時掣肘應劄行天津道迅將官剝船隻飭令趕緊油艌排列河干以供剝運免致臨時有停收待剝之虞至應需民剝亦即選擇寬大堅固船隻妥為雇備不得以一百石以下小船含混充數亦毋任胥役藉端舞弊并不得閘鎖守候口糧致滋浮冒可也

二月二十九日劄

為牌行事照得本爵奉
命赴津辦理驗收海運米石事宜所有沿途尖宿一切均係自備並無預
派頭站伺候之人合行牌傳沿途地方官毋得懸燈結綵鼓吹迎接
供應飯食等情如有冒充隨差跟役車夫廚役剃頭等名目向地方
需索錢文抑或頭有頂戴冒稱本府護衛封雇船隻拿拉車輛騾馬
索要錢文者立即扭稟地方官或遞送本府懲治不得稍有徇隱該
地方官亦即嚴禁胥役人等不准藉端舞弊騷擾地方倘有前項情
事本爵定行究辦毋謂言之不早也凜之慎之須至牌者

右牌仰沿途地方官

為劄行事本爵現有傳牌一張相應劄行大興縣查照即行挨站遞
文由通州起傳至天津縣衙門為止毋違特劄

二月二十九日劄

為凱切曉諭事查歷屆海運漕粮運抵天津由經紀斛收一手經理
承運交倉如有潮溼短少均惟經紀是問本爵奉
命赴津驗收海運米石首以釐剔弊端為要素知該經紀等有攬客剝船
使水串通分肥及勒掯需索情弊並通壩書役斛手倉人以及倉場
坐粮廳石壩土壩並地方官各衙門差役索要錢文種種弊端均應
嚴行查辦本爵明查暗訪斷不任其倖逃法網為此出示曉諭爾經
紀人等各有身家務宜奉公守法如敢仍前舞弊本爵定行按照舊
章一面查抄家產一面送交刑部加等治罪至通壩一切差役人等
如有前項弊端立即送交刑部從重懲辦本爵言出法隨決不寬貸
毋違特示

為凱切曉諭事查戶部奏稱海運米石自剝運以後無弊不作或於
通壩未驗之先或於通壩已驗之後乘間使水是南糧本係將來而

使水始自剝船應令倉場於剝船抵通嚴飭坐糧廳認真查驗遇有
潮溼米石刻即親赴剝船驗係實有使水情弊訊明經紀拿獲者即
將剝船戶送交刑部加等治罪如係經紀通同舞弊即將經紀一併
送交刑部等因在案本爵前於咸豐四年奉
命赴津驗收海運米石將從前積弊極力整頓該剝船戶等尚知畏法惟
剝船使水舞弊是其故智不得不明申禁令查剝船戶所得剝價並
飯米折色並津貼銀兩不為不優乃以
天庾正供任意暴殄實堪痛恨本爵明查暗訪斷不任其倖逃法網為此
出示曉諭爾剝船戶等務宜奉公守法如敢仍前使水攙和定將該
船戶送交刑部照例發往黑龍江給披甲人為奴一面飭令天津縣
嚴拏該船戶家屬責令賠償本爵言出法隨決不寬貸毋違特示
二月二十九日

爲咨行事查歷屆海運漕糧放洋北上均責成沿海水師迎護遞送以昭慎重本届海運業據江浙奏明照案由商捐置火輪各船在東南洋面巡緝並咨行沿海各督撫轉飭水師一體防護盜艘應自欽戢惟查歷年失事各船均在石島地方其東北等處洋面各省水師員弁如何布置周妥嚴密巡防以及專任何人分任何人未據咨報刻下海運米船候風放洋一遇風色順利即可連檣北上海洋防衛在在均關緊要應飛咨兩江總督江蘇浙江山東各巡撫嚴飭水師鎮將督率員弁各按所轄洋面逐島搜捕勿任盜艘潛匿並於米船經過處所梭織巡查逐程迎護務期聲勢聯絡俾米船行走迅速安穩抵津是爲至要仍將專任分任各職名咨報查覈倘各該水師員弁藉端諉卸稍致疎虞即將該員弁從嚴參辦至米船行抵天津迎護導引收繳驅械以及稽查奸匪彈壓水手等事天津鎮將是其專

責應飛劄天津鎮總兵大沽協副將督率員弁認真辦理並知照直
隸總督可也
三月初九日行

為劄行事查歷屆海運漕糧運通剝船每於中途有發漏情事雖因遭風所致究屬油艌不實本屆海運米數較少所需剝船祇十餘起而上年存次之船計有一千九百四十餘隻核計起數尚有餘賸相應劄行天津道督飭楊村通判將存次各船逐一查驗挑選船身堅固油艌整齊者一千五六百隻編列號次造具清冊俟本爵按臨津郡後呈送行轅以備調用仍按照咸豐四年成案將應用糊船紙張及竹篾鐵釘寬為豫備倘所選之船或幫底查有滲漏之處定將承辦員弁嚴參懲辦至白糧應用民剝亦宜揀選堅固寬大民船如查有天津縣役勒索使費及得錢買放情事即行從嚴究辦毋稍瞻徇以杜弊端而肅運務切切特劄

三月初九日劄

為劄行事本轄堂奉
命赴津驗收海運米石於三月二十四日請
訓二十八日起程特劄
三月二十四日劄

爲劄行事照得歷屆海運餘米由南局收買先行抵正兑交俟正供
兑竣後統核應餘米數設法捐辦在案本屆正漕米數較少顆粒尤
應珍貴現在沙船陸續抵口誠恐該耆舵等將所餘耗米沿途售賣
不可不嚴密稽查合亟劄飭天津鎮道督飭文武員弁於沙船進口
時認真巡查毋許顆粒走漏以重倉儲並劄知江蘇浙江糧道查照
成案將各該船應有餘米先行抵正兑交統俟正供完竣後再行設
法捐辦切切特劄

三月二十八日劄

為劄行事查歷屆辦理海運均由天津鎮道督率員弁按段稽查責成大沽協副將於沙船進口時逐船盤詰每耆舵水手按照單開人數挨名查點並將備器械於進口時呈繳出口時給發歷經辦理在案現在江浙沙船陸續抵津誠恐水手衆多匪徒易於溷跡理宜認真防範以昭嚴密合亟劄飭天津鎮道督同文武員弁實力巡防不准水手人等入城閑遊滋事並責成大沽協副將於沙船進口時認真盤查收繳器械一俟卸空回駛即行押催出口不准逗遛如沙船有外僱水手並無護照者令該船耆舵具保自行安置海口不准隨船同進即由大沽協管束如有脫逃滋事等情即惟該協是問仍俟該船出口之日再令帶回倘各該員弁以及地方官於應辦事宜稍有怠忽速即指名稟請叅辦毋稍廻護切切特劄

三月二十八日劄